Addieren und Subtrahieren

1 Ordne die Ergebnisse nach der Größe.
Beginne mit dem größten Ergebnis.

R	472 + 48 =
O	984 – 240 =
I	335 + 330 =
I	467 + 34 =
L	930 – 250 =
B	280 + 340 =
K	527 + 223 =

geordnet: ______, ______, ______, ______, ______, ______, ______

Lösungswort: ____________________

2

a)
347 + 26 = 3 7 3
653 + 38 =
435 + 49 =
216 + 45 =

b)
874 + ___ = 900
665 + ___ = 700
432 + ___ = 500
717 + ___ = 800

c)
826 + 85 =
472 + 49 =
787 + 56 =
658 + 62 =

3

a)
458 – 16 = 4 4 2
537 – 28 =
874 – 57 =
693 – 46 =

b)
242 – 48 =
409 – 24 =
321 – 35 =
726 – 42 =

c)
755 – ___ = 700
376 – ___ = 300
642 – ___ = 600
591 – ___ = 500

4

a)

+	40	400	420	540
321				
235				
453				

b)

–	30	300	340	430
564				
752				
645				

Wir erinnern uns:

30	+	40	=	70
Summand		Summand		Summe

70	–	40	=	30
Minuend		Subtrahend		Differenz

5

a)

Summand	324	317	278		455
Summand	90	420	52	250	
Summe				620	690

b)

Minuend	940	650		720	854
Subtrahend	300	380	340		
Differenz			280	480	322

6

a)

```
  321     343     437
+ 405   + 576   + 283
```

b)

```
  927     806     601
– 714   – 243   – 384
```

Multiplizieren und Dividieren

1 a)

·	4	40	7	70	100
7					
9					

b)

:	6	60	5	50	100
300					
600					

2 a) 4 —· 100→ ○ —: 10→ ○ —· 7→ ○ —: 10→ ○ —· 2→ 56

b) 6 —· 15→ ○ —: 10→ ○ —· 100→ ○ —: 100→ ○ —· 12→ 108

c) 8 —· 60→ ○ —: 10→ ○ —: 4→ ○ —· 10→ ○ —· 3→ 360

3 a)
4 · 16 = 64
6 · 13 =
8 · 15 =
9 · 14 =

b)
5 · 70 =
2 · 60 =
4 · 50 =
6 · 80 =

c)
5 · 24 =
7 · 32 =
3 · 84 =
2 · 96 =

4 a)
420 : 7 = 60
810 : 90 =
560 : 8 =
720 : 80 =

b)
56 : 4 =
45 : 3 =
90 : 6 =
90 : 5 =

c)
36 : 3 =
84 : 6 =
84 : 7 =
96 : 4 =

Wir erinnern uns:

3	·	40	=	120
Faktor		Faktor		Produkt

120	:	40	=	3
Dividend		Divisor		Quotient

5 a)

Faktor	30	60	5	8	
Faktor	9	9	80		70
Produkt				240	490

b)

Dividend	420	540	810	720	
Divisor	7	60			60
Quotient			90	9	8

6 Rechne erst den Überschlag und multipliziere dann.

Ü:
423 · 2

Ü:
256 · 3

7
155 : 5
150 : 5 =
5 : 5 =

595 : 7

688 : 8

1, 3 bis 5: Multiplizieren und Dividieren 2: Kettenaufgaben lösen
6: Schrittweises Multiplizieren 7 Schrittweises Dividieren

Dividieren mit Rest

1 Dividiere und überprüfe.

22 : 4 = 5 R 2, denn 5 · 4 = 20 und 20 + 2 = 22

29 : 5 = ___ R ___, denn ______________________

37 : 6 = ___ R ___, denn ______________________

82 : 3 = ___ R ___, denn ______________________

90 : 7 = ___ R ___, denn ______________________

2

a)
38 : 3 = 12 R 2
52 : 5 = ___ R ___
79 : 3 = ___ R ___
63 : 4 = ___ R ___

b)
34 : 5 = ___ R ___
48 : 5 = ___ R ___
65 : 9 = ___ R ___
49 : 9 = ___ R ___

c)
92 : 8 = ___ R ___
85 : 7 = ___ R ___
110 : 6 = ___ R ___
139 : 6 = ___ R ___

3

155 : 4
120 : 4 = 30
35 : 4 = 8 R 3
30 + 8 = 38
155 : 4 = 38 R 3

227 : 3

603 : 7

385 : 6

541 : 7

306 : 4

4 Die 3. Klassen der Grundschule „Am Sonnenhang" haben für 586 € Altpapier gesammelt. Dieses Geld wird zu gleichen Teilen auf drei Klassen aufgeteilt. Wie viel Geld bleibt übrig?

Aufgabe:

Antwort: ______________________

Punktrechnung und Strichrechnung in einer Aufgabe

1 **a)**

23 + 2 · 40 = 103
23 + 80 = 103

45 + 5 · 50 =

30 + 9 · 80 =

72 + 4 · 70 =

b)

640 : 80 + 30 =
8 + 30 =

270 : 30 + 41 =

810 : 90 + 91 =

480 : 60 + 92 =

Lösungen zu **1** **2**:

38	352
50	359
100	500
100	657
103	680
222	750
263	822
295	937

2 **a)**

230 + 50 · 9 =

642 + 60 · 3 =

222 + 20 · 0 =

440 + 30 · 2 =

b)

270 − 420 : 60 =

945 − 720 : 90 =

359 − ___0 : 70 =

666 − 360 : 40 =

3 **a)** 6 —· 30→ ___ —+ 320→ ___ —: 50→ ___ —+ 690→ ___ —: 7→ 100

b) 60 —+ 240→ ___ —: 60→ ___ —· 40→ ___ —+ 800→ ___ —: 5→ 200

4 Setze das richtige Zeichen: < = >.

a) 6 · 30 + 320 ◯ 8 · 70
3 · 60 + 220 ◯ 10 · 40

b) 8 · 50 – 3 · 20 ◯ 7 · 40
7 · 80 + 3 · 80 ◯ 9 · 80

1 und 2: Rechenregeln anwenden 3: Rechenketten lösen 4: Rechenregel anwenden, vergleichen; Relationszeichen setzen

Aufgaben mit Klammern

1

a)
(3 + 6) · 7 = 63
9 · 7 = 63

(4 + 4) · 6 =

9 · (2 + 8) =

b)
(5 + 2) · 90 =

(2 + 4) · 60 =

50 · (9 + 1) =

MERKE DIR
Löse immer erst die Aufgabe in der Klammer.

2

a)
(27 + 13) : 4 =
40 : 4 =

(15 + 45) : 6 =

90 : (5 + 4) =

b)
(90 − 9) : 9 =

(47 − 22) : 5 =

64 : (23 − 15) =

Lösungen zu 1 2 3:

5	10
6	10
7	10
7	48
8	63
8	90
9	360
9	500
9	630

3

a)
(610 + 20) : 90 =
630 : 90 =

(730 + 80) : 90 =

720 : (50 + 40) =

b)
(630 − 90) : 60 =

(420 − 60) : 60 =

350 : (90 − 40) =

4 Setze das richtige Zeichen: < = >.

a)
(390 − 70) : 8 ◯ 50
(510 − 60) : 5 ◯ 100
(540 − 50) : 7 ◯ 70

b)
(86 + 4) · 9 ◯ 4 · 90
(26 − 11) · 2 ◯ 10 · 3
(82 + 18) · 7 ◯ 200 · 7

5 Für jede der sechs 4. Klassen wurden 14 Märchenbücher und 26 Abenteuerbücher geliefert.
Wie viele Bücher erhalten die 4. Klassen zusammen?

Aufgabe: (14 + 26) · 6 =

Antwort: ______________________________

____

1 bis 3: Anwenden der „Klammerregel“ 4: Vergleichen und Relationszeichen setzen
5: Inhalt erfassen; Aufgabe bilden und lösen, im Satz antworten

Addieren – Subtrahieren – Multiplizieren – Dividieren

1 a)

	3	2	3
+	1	5	7

	4	9	6
+	3	4	8

	6	9	2
+	3	0	9

b)

	4	0	9
+	5	4	9

	1	6	9
+	7	4	9

	7	3	5
+	2	6	5

2 a)

	7	6	2
−	4	3	8

	9	4	1
−	2	7	6

	8	6	0
−	4	7	1

b)

	6	0	5
−	3	0	9

	5	5	5
−	2	6	6

	4	0	7
−	3	0	8

3 Ben hat ein Abenteuerbuch geschenkt bekommen.
Das Buch hat 563 Seiten. Davon hat er bereits 378 Seiten gelesen.
Wie viele Seiten kann er noch lesen?

Aufgabe:

Antwort: ______________________________

4 Rechne erst den Überschlag und multipliziere dann.

Ü: 50 · 6 =
54 · 6

Ü:
79 · 5

Ü:
66 · 8

Ü:
197 · 4

Ü:
54 · 7

Ü:
207 · 3

5 56 : 4

91 : 7

85 : 5

6 Max sammelt 5-Cent-Münzen. Er hat insgesamt 90 dieser Münzen.
Wie viel Geld hat er schon gesammelt?

Aufgabe:

Antwort: ______________________________

1 und 2: Schriftliches Addieren und Subtrahieren 3 und 6: Inhalt erfassen; Aufgabe finden und lösen, im Satz antworten 4: Schriftliches Multiplizieren 5: Halbschriftliches Dividieren

Sachaufgaben – Schrittfolge zum Lösen

1 Auf einem Bahnhof in Leipzig fährt ein Zug aus Rostock ein. In dem Zug sind 394 Personen, davon fahren 317 weiter. Wie viele Personen steigen in Leipzig aus?

Aufgabe:

Antwort: ______________________________

2 Von einer Grundschule in Neubrandenburg fahren 96 Kinder in ein Schullandheim nach Bad Schandau. Für Kinder kostet eine Fahrkarte 20 €.

Frage: ______________________________

____

Aufgabe:

Antwort: ______________________________

3 Ein Waggon eines Güterzuges wird entladen. Der Waggon hatte 487 kg Düngemittel in Säcken, 275 kg Saatgut in Papiertüten und 1892 kg Blumenzwiebeln in Kisten geladen.

Frage: ______________________________

____

Aufgabe:

Antwort: ______________________________

Die Zahlen bis 10 000

1 Welche Zahlen sind hier dargestellt?

3	2	4	3

2 **a)**

3T 7H 9Z 3E	3 7 9 3
4T 0H 2Z 7E	
3T 8H 0Z 2E	
5T 0H 0Z 8E	

b)

4T 3Z 6E	
9T 4H 5Z	
7T 2H 8E	
5T 9Z 6E	

c)

6E 5Z 7T	
5Z 3T	
4H 9T	
3E 6T	

3 **a)** Schreibe als Zahl.

sechstausendsiebenhundert-achtzehn	6 7 1 8
zweitausendsiebenhundertdrei	
viertausendneunundsechzig	
achttausendvier	

b) Schreibe als Zahlwort.

5123 *fünftausendeinhundert-dreiundzwanzig*

6704 ______________________

9008 ______________________

4 Stelle die Zahlen an deinem Zahlenschieber ein. Zerlege die Zahlen.

a)

2569 = 2000 + 500 + 60 + 9
3270 =
6581 =
5899 =

b)

5010 =
3004 =
6308 =
2030 =

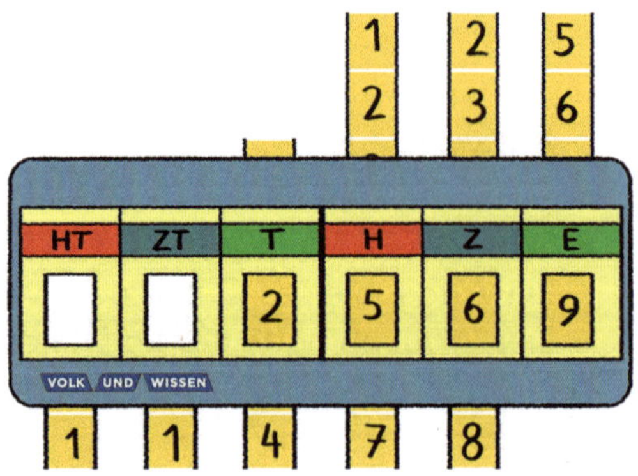

5 **a)** Nachbarzehner (NZ)

NZ	Zahl	NZ
9730	9731	
	3047	
	1803	
	1003	

b) Nachbarhunderter (NH)

NH	Zahl	NH
2400	2415	
	5294	
	6108	
	5030	

c) Nachbartausender (NT)

NT	Zahl	NT
3000	3456	
	4803	
	1132	
	2050	

1 und 2: Zahlen zuordnen 3: Zuordnen: Zahlwort ↔ Zahl 4: Zahlenschieber zur Zahlendarstellung nutzen, Zahlen zerlegen 5: Nachbarzehner, -hunderter, -tausender bestimmen

Die Zahlen bis 10 000 – Vergleichen und Ordnen

1 Wo gehören die Zahlen hin? Verbinde. Trage dann die fehlenden Zahlen ein.

a) 1100 | 2500 | 4200 | 5600 | 8400 | 9900

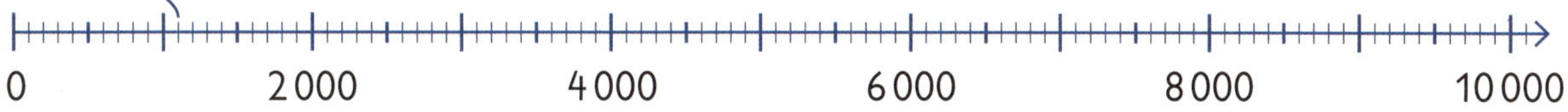

b) 1120 | 1250 | 1340 | 1510 | 1790 | 1980

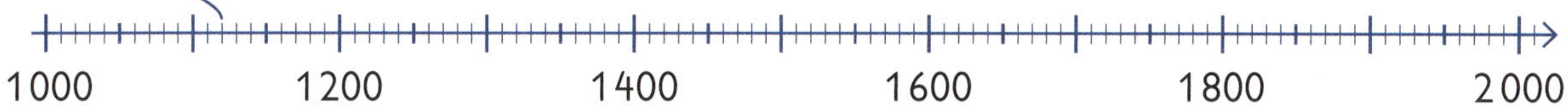

2 Ergänze bis zum nächsten Hunderter.

2560 + 40 = 2600
6380 + ___ = ___
5625 + ___ = ___
6975 + ___ = ___

3 Ergänze bis zum nächsten Tausender.

6200 + 800 = 7000
8300 + ___ = ___
3640 + ___ = ___
220 + ___ = ___

4 Setze das richtige Zeichen: < = >.

a)
2160 ○ 3460
9652 ○ 9140
4627 ○ 4672
8321 ○ 8321

b)
6182 ○ 6183
5010 ○ 5100
9876 ○ 9786
3874 ○ 3784

c)
3298 ○ 3298
1810 ○ 1820
4306 ○ 4360
5832 ○ 583

d)
3560 ○ 3460
9301 ○ 9130
4004 ○ 4070
2881 ○ 2188

5 Ordne. Beginne mit der kleinsten Zahl.

a) 2583 3285 2835 3852 3582 2358

2358, ___

b) 5860 5680 5806 586 5068 5608

___

6 Ordne. Beginne mit der größten Zahl.

a) 4028 4208 482 4820 4280 428

4820, ___

b) 3072 3207 3027 3720 3270 3702

___

Römische Zahlzeichen

1 Schreibe mit römischen Zahlzeichen.

a) 65 LXV
112 ____
530 ____
706 ____

b) 86 ____
79 ____
402 ____
1180 ____

c) 64 ____
455 ____
803 ____
1308 ____

2 Schreibe mit unseren Zahlen.

a) XXXII 32
CCLX ____
MDCC ____
MMCL ____

b) MD ____
XCI ____
MCXI ____
MLIX ____

c) CML ____
MCCLV ____
MCXXX ____
MMCLV ____

3 Ergänze die Tabellen.

a)

63	74	115	522	759	1205	2010

b)

LXXXII	XCV	CCXXXIII	CCCXXV	CCXII	MCCX	MMXVI

4 **a)** Schreibe mit unseren Zahlen. Ordne dann. Beginne mit der kleinsten Zahl.

MCC = 1200 MCL = ____ MIII = ____
MXXX = ____ MCX = ____

MIII, ____

b) Schreibe mit unseren Zahlen. Ordne dann. Beginne mit der größten Zahl.

CCCXXX = ____ CCCL = ____ MCX = ____
CXXX = ____ MD = ____

____

5 Rechne mit römischen Zahlzeichen. Du kannst mit unseren Zahlen rechnen.

XX + LI = LXXI
CCV + LX = ____
MCCX + MD = ____
MDCLX – CL = ____

20 + 51 = 71

1 bis 3: Römische Zahlen in arabische Zahlen umwandeln und umgekehrt
4: Römische Zahlen ordnen 5: Mit römischen Zahlen rechnen

Addieren und Subtrahieren

1 **a)** 2 600 + 700 =
4 500 + 800 =
7 200 + 900 =

b) 5 300 – 600 =
7 400 – 800 =
8 200 – 500 =

2 **a)** 3 400 + 1 700 =
4 500 + 2 900 =
5 200 + 3 800 =

b) 5 400 – 2 700 =
9 100 – 3 500 =
7 300 – 2 900 =

3 **a)**

1 500			
900	600	600	1 500

b)

1 200	1 300	1 100	1 400

4

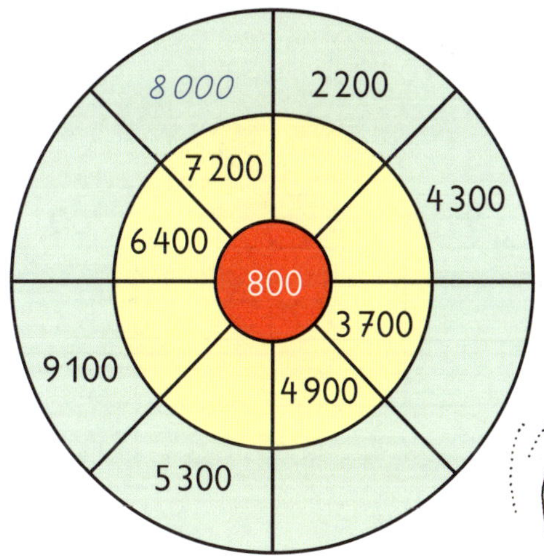

5 **a)** 10 000 – 1 = 9 9 9 9
8 000 – 8 =
7 000 – 7 =
5 000 – 5 =

b) 6 000 – 60 =
7 000 – 70 =
9 000 – 90 =
8 000 – 80 =

c) 5 000 – 300 =
4 000 – 700 =
3 000 – 200 =
7 000 – 600 =

6 **a)** 660 + ____ = 1 000
3 660 + ____ = 4 000
7 660 + ____ = 8 000
8 660 + ____ = 9 000

b) 758 + ____ = 1 000
2 758 + ____ = 3 000
4 758 + ____ = 5 000
8 758 + ____ = 9 000

7 Ergänze zum nächsten Tausender.

a) 770 + ____ = 1 0 0 0
3 450 + ____ =
7 560 + ____ =
1 320 + ____ =

b) 388 + ____ = 1 0 0 0
2 658 + ____ =
4 328 + ____ =
7 698 + ____ =

Multiplizieren und Dividieren

1 **a)**

3 · 80 = 240
5 · 300 =
20 · 70 =
50 · 60 =
4 · 90 =
7 · 800 =

b)

6300 : 7 = 900
4500 : 90 =
2700 : 300 =
8100 : 900 =
5600 : 7 =
5600 : 80 =

2 Finde die Aufgaben und löse sie.

Berechne das Produkt aus 32 und 100.

Der Dividend ist 6 400 und der Divisor ist 800.

Die Faktoren heißen 40 und 90.

3

·	9	5	80	30
70				
40				
90				
60				

4

:	2	3	40	60
2 400				
4 800				
1 200				
3 600				

5 **a)**

20 · 30 + 1 200 = 1800
3 500 + 30 · 30 =
3 200 – 20 · 40 =

b)

4 900 : 70 – 60 =
6 400 : 800 + 200 =
5 400 : 60 – 90 =

6 Ergänze die Aufgaben zu diesen Ergebnissen.

2 800

40 · 70
7 ·
70 ·
400 ·

3 600

4 · 900
90 ·
40 ·
60 ·

4 200

60 ·
700 ·
600 ·
70 ·

5 400

90 ·
6 ·
60 ·
900 ·

7 Die Kinder der Kindereinrichtung „Sonnenschein“ wollen mit 3 200 Bausteinen eine Burg bauen.
In jeder Packung sind 400 Bausteine.
Wie viele Packungen Bausteine werden benötigt?

Aufgabe:

Antwort: ____________________

1 bis 6: Multiplizieren und Dividieren mit Zehner- und Hunderterzahlen
7: Inhalt erfassen, Aufgabe finden und lösen, im Satz antworten

Kilometer – Meter – Zentimeter – Millimeter

1 Miss die Strecken. Gib die Länge in drei verschiedenen Schreibweisen an.

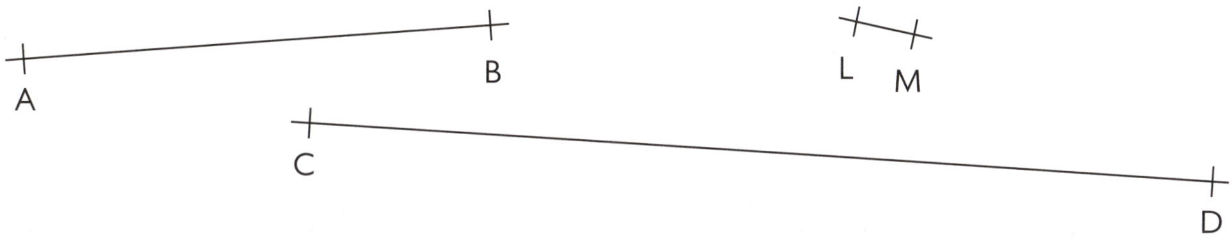

$\overline{AB}$ = 6 3 mm
$\overline{AB}$ = ☐ cm ☐ mm
$\overline{AB}$ = ☐ , ☐ cm

$\overline{CD}$ = ☐☐☐ mm
$\overline{CD}$ = ☐☐ cm ☐ mm
$\overline{CD}$ = ☐☐ , ☐ cm

$\overline{LM}$ = ☐ mm
$\overline{LM}$ = ☐ cm ☐ mm
$\overline{LM}$ = ☐ , ☐ cm

2 Ergänze die fehlenden Schreibweisen.

in Zentimeter	745 cm	860 cm			
in Meter und Zentimeter	*7 m 45 cm*		6 m 38 cm		0 m 70 cm
in Meter	*7,45 m*			8,05 m	

in Meter	6 500 m	7 080 m			
in Kilometer und Meter	*6 km 500 m*		8 km 250 m		2 km 30 m
in Kilometer	*6,5 km*			3,8 km	

3 Ordne die Größenangaben richtig zu.

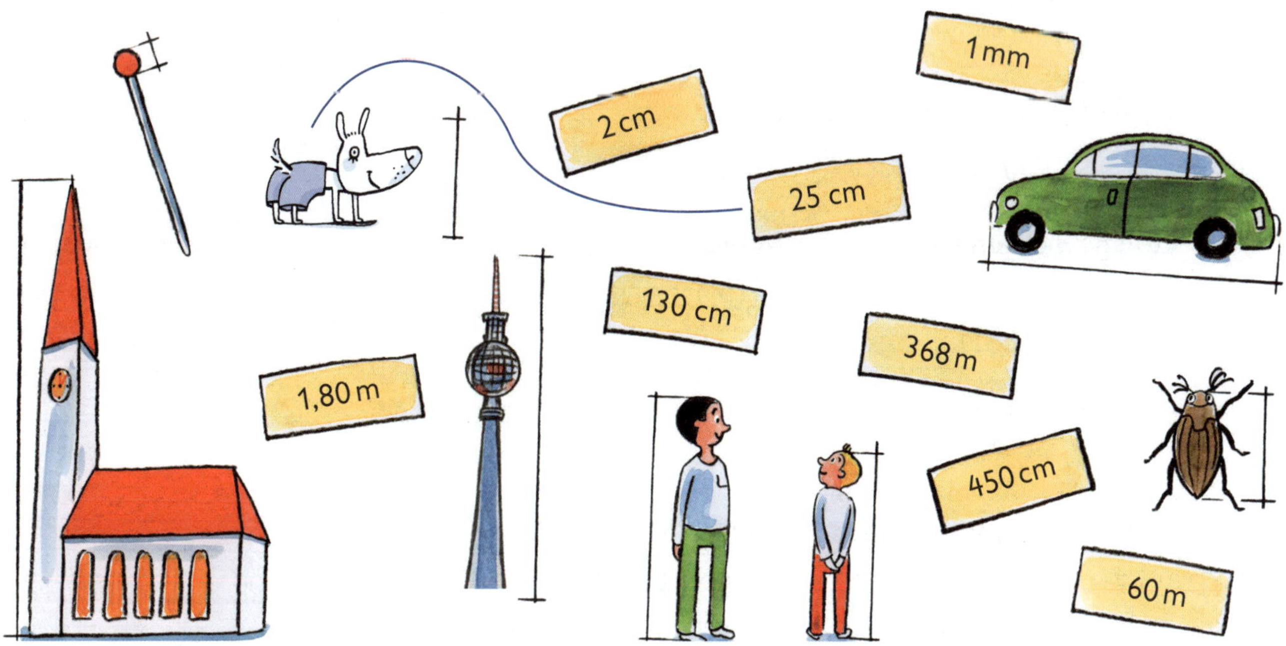

Die Zahlen bis 100 000

1

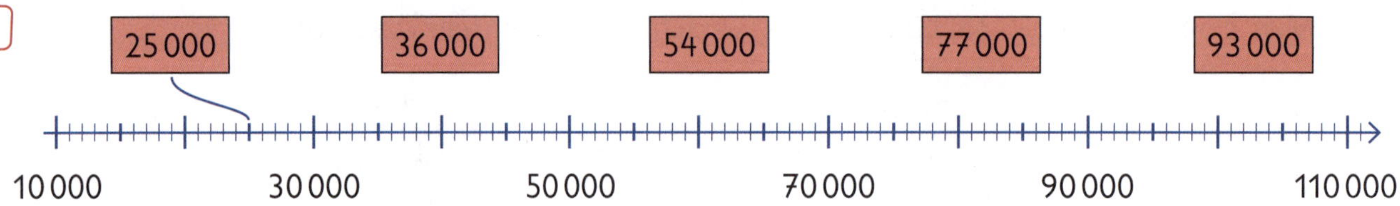

2

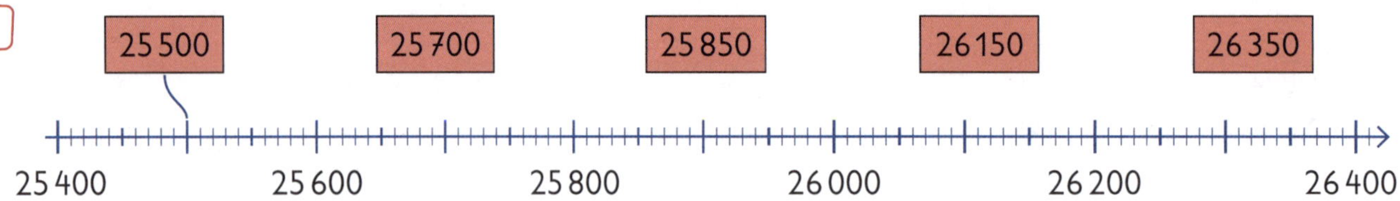

3 Schreibe als Zahl. Stelle die Zahl an deinem Zahlenschieber ein.

a) 3 ZT 6 T 8 H 5 Z 9 E 3 6 8 5 9
b) 4 ZT 1 T 7 H 0 Z 5 E
c) 8 ZT 6 T 4 E
d) 7 ZT 3 E

4

Vorgänger	Zahl	Nachfolger
	29 542	
	35 709	
99 998		
		60 001

5 **a)** Schreibe als Zahl.

vierundzwanzigtausenddreihundertvierundachtzig 2 4 3 8 4
siebzehntausendfünfunddreißig
achtzigtausendsechshundertzweiundzwanzig

b) Schreibe als Zahlwort.

12 368 *zwölftausenddreihundertachtundsechzig*
60 052 ______
23 401 ______

6 Zerlege die Zahlen.

8 2 7 4 5 = 8 0 0 0 0 + 2 0 0 0 + 7 0 0 + 4 0 + 5
3 0 2 0 1 =
1 8 6 0 4 =

7 Entscheide: < >.

35 624 ◯ 35 125
49 004 ◯ 49 400
90 587 ◯ 90 058

8 Ordne die Zahlen. Beginne mit der kleinsten Zahl.

25 471   52 841   25 174   52 084   39 874   999   26 471   56 500   38 249   8903

9 9 9 ,

1 und 2: Zahlen zuordnen   3: Zahlenschieber zur Zahldarstellung nutzen; Zahlen zuordnen   4: Tabelle ergänzen
5: Zuordnung Zahl ◂▸ Zahlwort   6: Zahlen zerlegen   7: Zahlen vergleichen   8: Zahlen nach Vorschrift ordnen

Die Zahlen bis 1 000 000

1

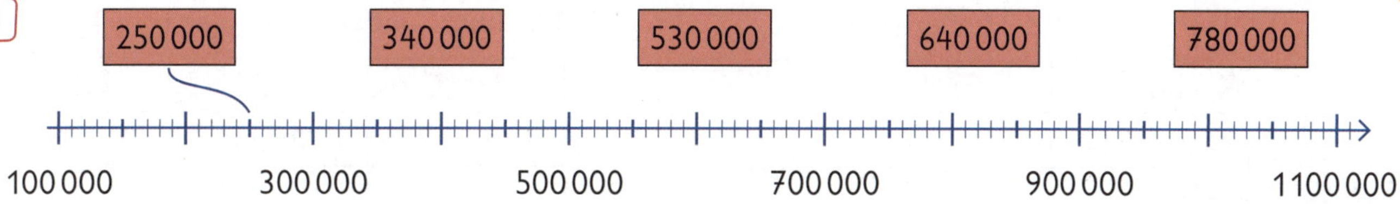

2

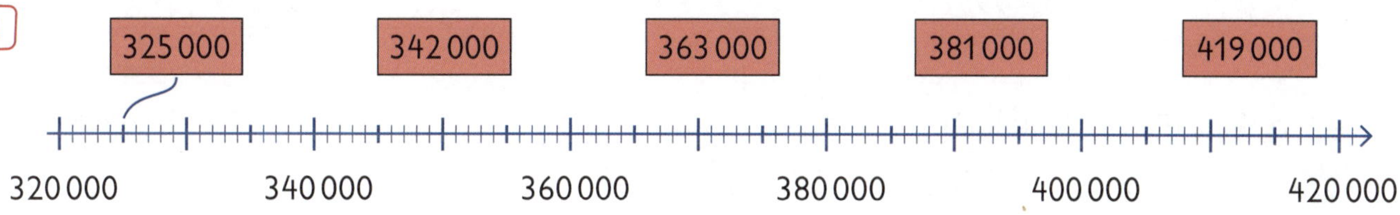

3 Schreibe als Zahl. Stelle die Zahl an deinem Zahlenschieber ein.

a) 9 HT 9 ZT 9 T 9 H 9 E	9	9	9	9	0	9
b) 1 HT 3 ZT 0 T 4 H 6 E						
c) 2 HT 6 ZT 9 Z 2 E						
d) 5 HT 3 ZT 7 E						

4

Vorgänger	Zahl	Nachfolger
	999 998	
	703 209	
738 998		
		510 000

5 **a)** Schreibe als Zahl.

zweihundertzehntausenddreihundertsechs	2	1	0	3	0	6
vierhundertachttausendsechsundzwanzig						
sechshundertfünfzehntausendachtzig						
siebenhundertzweitausendneun						

b) Schreibe als Zahlwort.

340 102 *dreihundertvierzigtausendeinhundertzwei*

700 603 ______________________

603 007 ______________________

6 Zerlege die Zahlen.

321 536 = 300 000 + 20 000 + 1 000 + 500 + 30 + 6

640 507 = ______________________

901 003 = ______________________

400 290 = ______________________

804 010 = ______________________

Die Zahlen bis 1 000 000 – Vergleichen und Ordnen

1 **a)** Nachbarzehntausender (NZT)

NZT	Zahl	NZT
230 000	236 587	
	489 563	
	168 924	
	995 632	

b) Nachbarhunderttausender (NHT)

NHT	Zahl	NHT
700 000	789 234	
	632 981	
	112 887	
	963 240	

2 Ergänze die Zahlenfolgen.

57 008, 57 009, 57 010, ___, ___, ___

74 380, 74 390, ___, ___, ___, ___

63 100, 63 200, ___, ___, ___, ___

___, ___, 98 800, 98 900, ___, ___

___, ___, 78 000, 79 000, ___, ___

___, ___, 96 000, 97 000, ___, ___

3 Welche Zahl hat Max mit Plättchen dargestellt?

HT	ZT	T	H	Z	E
●●●	●●●●●●●●	●●●●●●●	●●	●●●●●●	●
●●●●●●●	●●●●	●●●●●●	●		●●●●●●●
●●●●●●●●●		●●●			●●●●●

4 Setze das richtige Zeichen: < oder >.

a) 45 759 ◯ 64 859
52 801 ◯ 51 993
3 587 ◯ 35 870

b) 358 120 ◯ 365 800
325 021 ◯ 325 102
634 787 ◯ 634 087

c) 501 027 ◯ 23 258
748 014 ◯ 748 104
390 741 ◯ 309 417

5 Ordne die Zahlen. Beginne mit der kleinsten Zahl.

a) 43 876 34 768 47 876 45 678 34 678 45 786

34 678, ___

b) 528 132 58 123 542 368 5 999 582 447 624 339 69 339 8 899

1: Nachbarzehntausender bzw. Nachbarhunderttausender bestimmen
2: Zahlenfolgen ergänzen 3: Dargestellte Zahlen bestimmen 4 und 5: Zahlen vergleichen bzw. ordnen

Näherungswerte – Runden

1 Ordne den Einwohnerzahlen einen passenden Näherungswert zu.

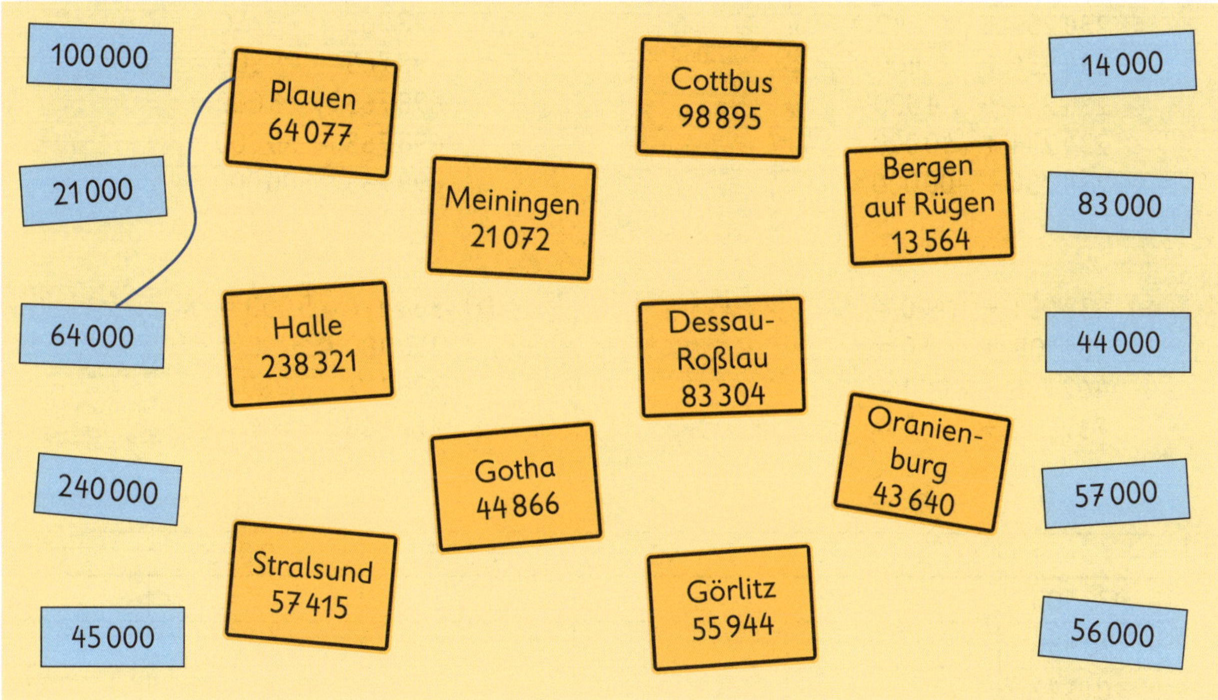

2 **a)** Runde auf Vielfache von 10.

3 486 ≈ 3 4 9 0
8 673 ≈
4 529 ≈

22 518 ≈
58 681 ≈
73 529 ≈

452 892 ≈
658 726 ≈
456 975 ≈

b) Runde auf Vielfache von 100.

6 536 ≈ 6 5 0 0
9 753 ≈
2 498 ≈

93 467 ≈
85 952 ≈
54 536 ≈

453 963 ≈
235 908 ≈
684 239 ≈

c) Runde auf Vielfache von 1 000.

2 498 ≈ 2 0 0 0
8 989 ≈
5 568 ≈

56 852 ≈
98 563 ≈
59 123 ≈

453 698 ≈
799 506 ≈
836 198 ≈

3 Wie haben die Kinder gerundet? Schreibe auf.

Ich habe 13 546 auf Vielfache von 10 gerundet.

Ich habe 43 217 auf Vielfache von 100 gerundet.

Ich habe 58 924 auf Vielfache von 1000 gerundet.

Addieren und Subtrahieren

1 **a)**
234 254 + 4 = 234258
234 254 + 40 =
234 254 + 400 =
234 254 + 4 000 =
234 254 + 40 000 =
234 254 + 400 000 =

b)
698 765 – 5 = 698760
698 765 – 50 =
698 765 – 500 =
698 765 – 5 000 =
698 765 – 50 000 =
698 765 – 500 000 =

2 **a)**
532 081 + 400 = 532481
781 108 + 50 =
462 735 + 6 000 =
739 241 + 8 =

b)
388 417 – 5 000 = 383417
250 480 – 60 =
390 119 – 800 =
477 868 – 6 =

3

	+ 5	+ 40	+ 300	+ 2 000	+ 60 000
432 103	432 108				
120 436					
201 347					

4

	– 6	– 50	– 400	– 6 000	– 70 000
387 978	387 972				
298 599					
176 457					

5

33 000			
22 000	11 000	14 000	9 000

220 000	100 000	10 000	20 000

6 **a)**
250 000 + 320 000 = 570000
320 000 + 640 000 =
284 761 + 200 000 =
520 327 + 305 000 =

b)
780 000 – 430 000 = 350000
850 000 – 530 000 =
452 487 – 100 040 =
872 846 – 600 400 =

7 **a)** 629 735 $\xrightarrow{-7000}$ ☐ $\xrightarrow{+20000}$ ☐ $\xrightarrow{-310000}$ ☐

b) 569 614 $\xrightarrow{-9000}$ ☐ $\xrightarrow{+20000}$ ☐ $\xrightarrow{-230000}$ ☐

Addieren mit zwei Summanden

1 Rechne erst den Überschlag. Berechne dann die Summe.

a)
- Ü: 9000 — 4518 + 3536 =
- Ü: — 3697 + 8605 =
- Ü: — 3824 + 8969 =
- Ü: — 54376 + 84782 =

b)
- Ü: — 54387 + 93825 =
- Ü: — 352614 + 54197 =
- Ü: — 49352 + 71448 =
- Ü: — 34775 + 248542 =

c)
- Ü: — 38276 + 24932 =
- Ü: — 795352 + 135278 =
- Ü: — 83402 + 93685 =
- Ü: — 374389 + 578604 =

2 Rechne im Kopf oder schriftlich.

a)
34200 + 4200 = 38400
61700 + 5200 =
82430 + 9999 =
76100 + 8900 =

b)
734635 + 29837 =
640300 + 5000 =
517664 + 34155 =
425000 + 45000 =

3

Berechne die Summe aus 43609 und 47681.

Berechne das Doppelte von 463583.

Ein Summand ist 173512, der andere ist 564209.

1: Überschlag bilden und schriftlich addieren 2: Im Kopf oder schriftlich addieren
3: Aufgaben finden und lösen

Addieren mit mehr als zwei Summanden

1 Rechne erst den Überschlag. Berechne dann die Summe.

Ü:	8	3	0	0	0
	2	4	2	3	5
+		4	6	8	3
+	5	3	7	1	4

Ü:					
	6	2	7	1	4
+			9	5	6
+	5	3	4	2	9

Ü:					
	7	6	1	2	8
+		8	6	3	9
+	1	9	5	3	2

Ü:						
	3	6	7	3	4	2
+	6	2	4	1	7	7
+		6	0	9	3	3

2 Schreibe stellengerecht untereinander und addiere.

78 431 + 36 625 + 4779

64 232 + 88 274 + 6278

95 483 + 65 826 + 3174 + 38 027

35 694 + 242 + 6364 + 62 816

	7	8	4	3	1
+	3	6	6	2	5
+		4	7	7	9

Lösungen zu 1 2: 82 632 104 299 105 116 117 099 119 835 158 784 202 510 1 052 452

3 Finde die Fehler und berichtige sie.

	2	7	4	3	9
+		1	8	7	2
+	5	6	6	7	6
	1	1	1	1	
	~~8~~	~~4~~	~~9~~	~~8~~	~~8~~
	8	5	9	8	7

		8	1	4	6	2
+	5	4	7	8	6
+		6	3	6	7
1	3	3	5	8	5

			2	4	5	7	3
+			8	2	6	9
+	3	4	1	7	5	2
	3	6	4	5	9	4

		6	4	5	1	3
+	2	4	7	3	8
+	5	2	4	6	9
1	4	1	7	2	0

4 Ergänze die fehlenden Ziffern.

		3	6	0	☐
+	7	2	☐	3	4
+	2	☐	1	5	8
	9	7	8	0	0

	2	1	6	3	5
+	☐	4	☐	2	1
+	5	3	2	2	4
1	3	9	0	8	☐

		3	5	4	4
+	4	☐	1	☐	3
+	4	5	2	7	☐
	9	2	☐	5	0

	2	1	4	7	☐
+	☐	5	☐	6	1
+	4	☐	2	3	4
	8	2	1	6	8

Subtrahieren mit einem Subtrahenden

1 Rechne erst den Überschlag. Berechne dann die Differenz.

a)
- Ü: 2000 — 3756 − 1928
- Ü: — 3274 − 1539
- Ü: — 8703 − 6241
- Ü: — 6572 − 3469

b)
- Ü: — 78546 − 32493
- Ü: — 50402 − 29386
- Ü: — 68425 − 9517
- Ü: — 85243 − 2498

c)
- Ü: — 53214 − 37859
- Ü: — 70604 − 30867
- Ü: — 49436 − 8923
- Ü: — 74635 − 9967

2 Schreibe stellengerecht untereinander und subtrahiere.

32 785 – 23 156 | 43 072 – 2 934 | 82 900 – 43 876 | 652 734 – 49 628

32785 − 23156

3 Berechne die Differenzen.

- 97779 − 79997
- 86668 − 68886
- 75557 − 57775
- 64446 − 46664

4

Minuend	Subtrahend	Differenz
824 637	735 655	
58 450	30 100	
32 400	1 888	
423 000	99 999	
81 194	42 670	
91 000	12 010	

Subtrahieren mit zwei Subtrahenden

1 Rechne erst den Überschlag. Berechne dann die Differenz.

a)

Ü: 3000	Ü:	Ü:	Ü:
8635	9739	73385	92746
− 2376	− 3614	− 34673	− 43152
− 3549	− 3726	− 21534	− 27384

b)

Ü:	Ü:	Ü:	Ü:
54263	60200	742640	934430
− 26886	− 1532	− 4996	− 57798
− 3559	− 42778	− 52780	− 3946

2 Schreibe stellengerecht untereinander und subtrahiere.

458273 − 35973 − 146325		837218 − 139571 − 14636	621053 − 6482 − 163406
458273			
− 35973			
− 146325			

3 Finde die Fehler und berichtige sie.

34827	71962	42571	60205
− 26342	− 41346	− 18462	− 3481
− 2436	− 14697	− 4361	− 258
~~15040~~	15919	9848	57464
6049			

4 Vergleiche durch einen Überschlag.
Setze das richtige Zeichen: < oder >.

a) 85412 − 23401 − 2115 > 50000
67826 − 12260 − 4999 ◯ 53000

b) 32765 − 12640 − 888 ◯ 20000
76152 − 3824 − 666 ◯ 70000

Gleichungen – Ungleichungen

1 4850 + 2350 = x   y + 1300 = 2750   Rechne hier:

x = 7200   y = ____

3800 + z = 5900   5256 + 3838 = d

z = ____   d = ____

	4	8	5	0
+	2	3	5	0
	1	1		
	7	2	0	0

2 8640 – 4300 = a   7840 – b = 5000

a = ____   b = ____

e – 2501 = 6302   f – 4526 = 3857

e = ____   f = ____

Lösungen zu **1** **2**:
1450 2100 2840 4340
7200 8383 8803 9094

3 **a)**

x	y	x + y
2410	655	
160	2840	
6470		8300
	3210	5000

b)

x	y	x – y
5300	580	
1200	740	
2400		1300
	820	580

4 Gib jeweils die Zahlen an, die du für die Variablen einsetzen kannst.

215 + x < 220   530 – x > 525   x + 495 < 500

x = 0, 1, 2, 3, 4   x = ____   x = ____

612 – y > 608   788 + y < 794   503 – y > 499

y = ____   y = ____   y = ____

5 Gib jeweils die größte Zahl an, die du für a einsetzen kannst.

a) 5995 + a < 6000   **b)** 6940 – a > 6934   **c)** 4400 + a < 4500

a = ____   a = ____   a = ____

Daten in Tabellen und Diagrammen

1 An einer Grundschule wurden die Fahrräder von 105 Kindern der 3. Klassen und 96 Kindern der 4. Klassen auf Verkehrssicherheit überprüft.

Mängel	Kl. 3	Kl. 4	gesamt
keinen Kettenschutz	5	12	17
defekte Klingel	12	23	
fehlerhafte Bremse	27	31	
geringes Reifenprofil	32	15	
defekte Beleuchtung	15	5	

a) Berechne die Gesamtzahlen für die Mängel in den 3. und 4. Klassen zusammen. Trage sie in die Tabelle ein.

b) Welcher Mangel trat am häufigsten auf?

Antwort: ______________________________

____

c) Welcher Mangel trat am wenigsten auf?

Antwort: ______________________________

____

2 Das Diagramm zeigt, wie viel Restmüll eine Person im Durchschnitt erzeugt hat.

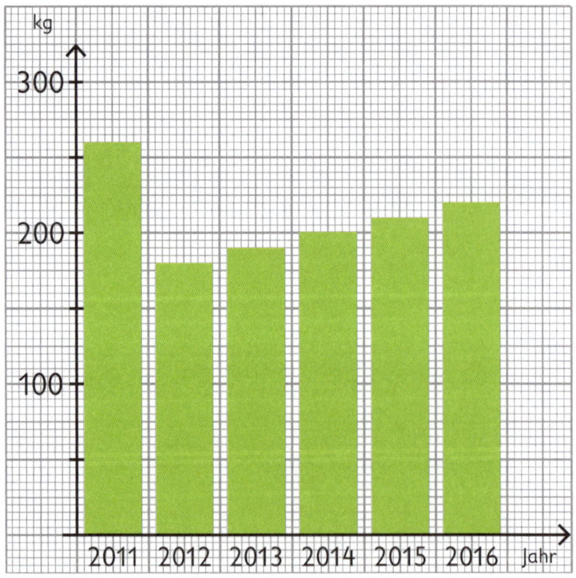

a) Lies aus dem Diagramm ab, wie viel Restmüll eine Person im Jahr erzeugt hat:

2011: 260 kg
2012: ___ kg
2013: ___ kg
2014: ___ kg
2015: ___ kg
2016: ___ kg

b) Wie viel Restmüll ist in einem Haushalt mit mehreren Personen angefallen?

Haushalt mit …	2011	2015
2 Personen	520 kg	
4 Personen		

c) Um wie viel Kilogramm hat sich der Restmüll pro Person
von 2011 bis 2012 verringert? → verringert um ___ kg
von 2014 bis 2016 vermehrt? → vermehrt um ___ kg

d) In welchem Jahr hat ein Haushalt mit 2 Personen 400 kg Restmüll erzeugt?
Das war im Jahr ____.

1: Daten der Tabelle entnehmen und damit rechnen
2: Daten dem Diagramm entnehmen und damit rechnen

Sachaufgaben – Besondere Wörter

Unterstreiche die Wörter, die dir sagen, wie du rechnen musst.

1 Viele Walarten wurden von Menschen fast ausgerottet.

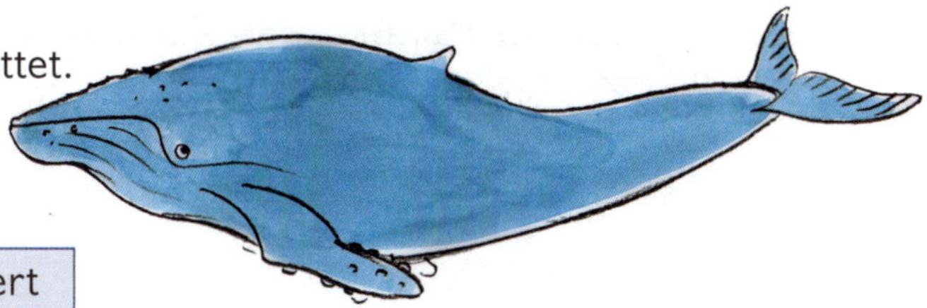

a) Um wie viele Wale hat sich die jeweilige Walart verringert? Ergänze die Tabelle.

Walart	Bestand		verringert um
	früher	heute	
Blauwal	250 000	8 000	242 000
Finnwal	470 000	50 000	
Buckelwal	150 000	20 000	
Grönlandwal	60 000	6 000	

b) Wahr (w) oder falsch (f)?

Heute lebt nur noch der zehnte Teil der Grönlandwale. ( ), denn 60000 : 10 = ____

2 In einer Stunde kann ein Thunfisch 70 km weit schwimmen. Ein Grauwal legt in der gleichen Zeit nur den zehnten Teil dieser Strecke zurück.

Wie weit schwimmt der Grauwal in einer Stunde?

Aufgabe:

Antwort: ______________________________

3 Delfine können in einer Stunde 48 km weit schwimmen. Schwertfische legen in einer Stunde eine doppelt so lange Strecke zurück.

Wie weit schwimmt ein Schwertfisch in einer Stunde?

Aufgabe:

Antwort: ______________________________

1 bis 3: Inhalt erfassen; besondere Wörter erkennen, unterstreichen und Rechenzeichen zuordnen; Aufgaben bilden und lösen, im Satz antworten

Parallelen – Senkrechte – rechte Winkel

1 Überprüfe mit dem Geodreieck:

a) Welche Geraden sind zueinander parallel? Zeichne sie mit gleicher Farbe nach.

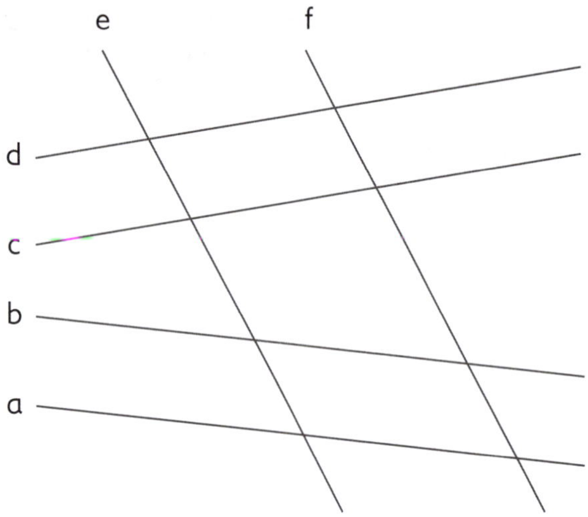

b) Welche Geraden sind senkrecht zu g oder zu h? Zeichne sie mit gleicher Farbe nach.

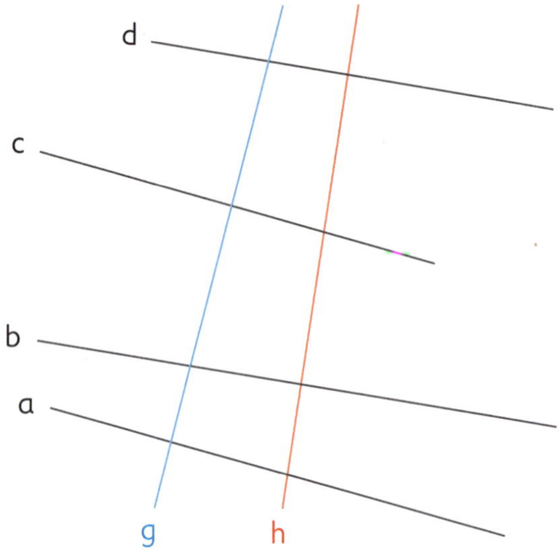

2 Zeichne:

a) eine Gerade, die parallel zu g oder a ist (blau).

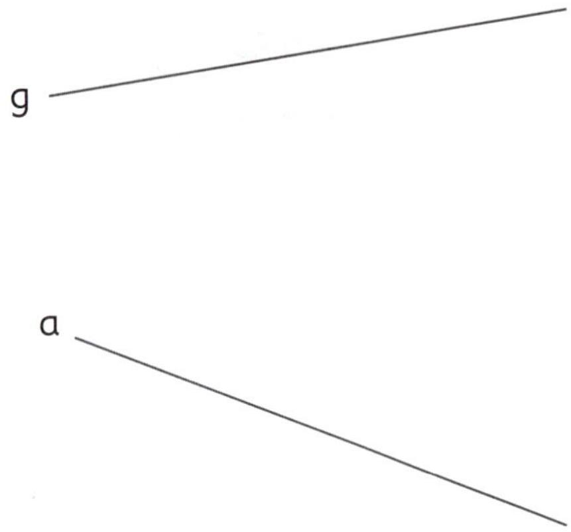

b) eine Gerade, die senkrecht zu b oder d ist (rot).

3 Kennzeichne die rechten Winkel so: ⦜.

a)

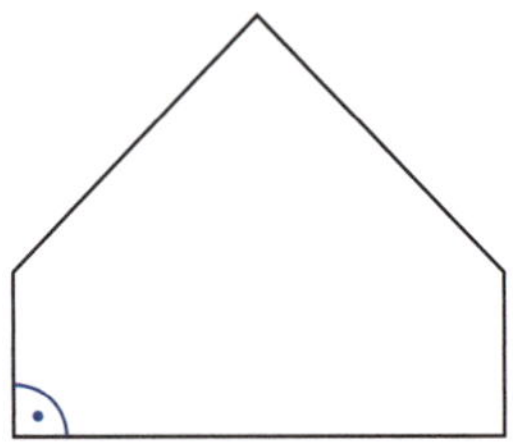

b)

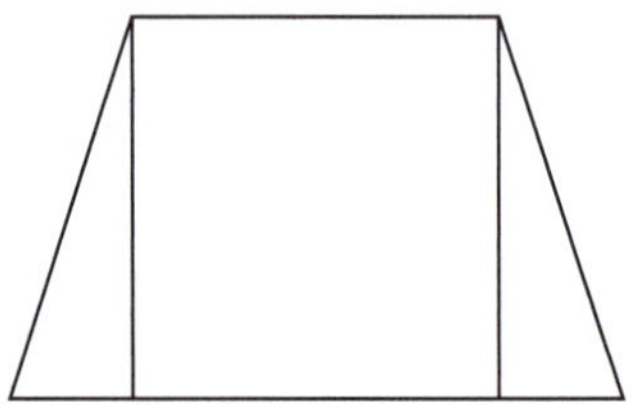

c)

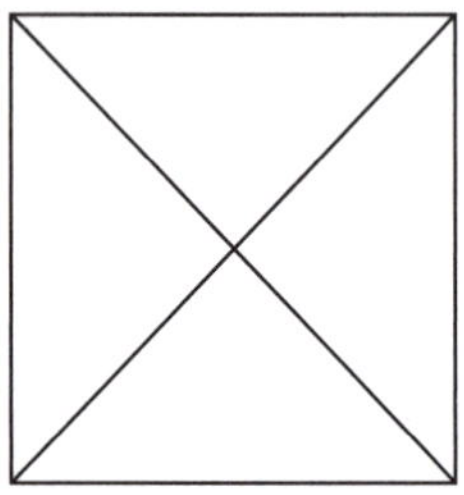

1: Zueinander parallele/senkrechte Geraden kennzeichnen 2: Zu gegebenen Geraden parallele/senkrechte Geraden zeichnen 3: Rechte Winkel finden und kennzeichnen

1 Zeichne Linien, die zu den Seiten des Dreiecks parallel sind.

a) Starte bei den blauen Punkten.

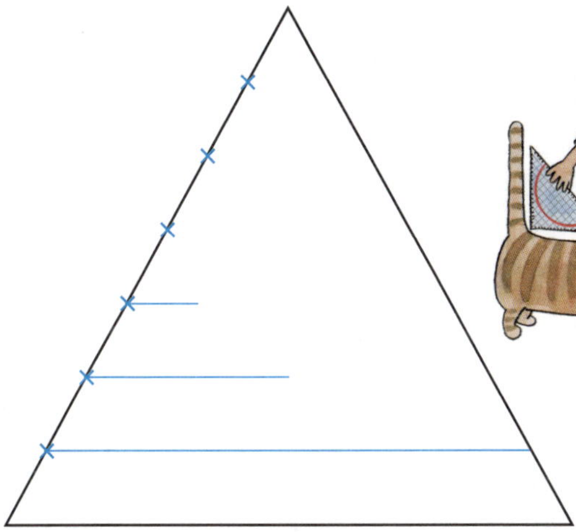

b) Starte bei den roten Punkten.

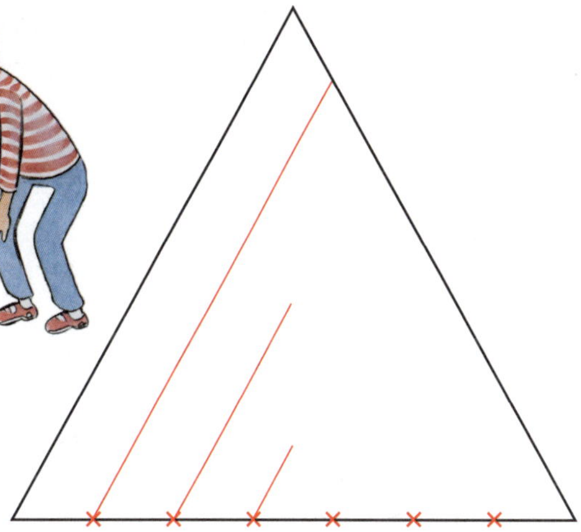

2 Zeichne die Muster weiter.

a)

b)

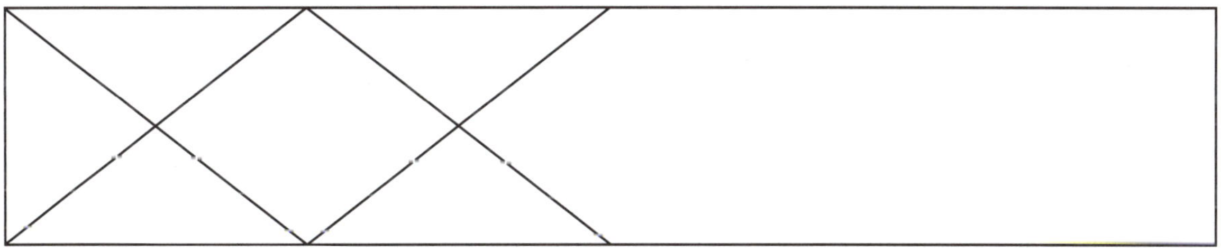

3 Zeichne das Muster weiter.

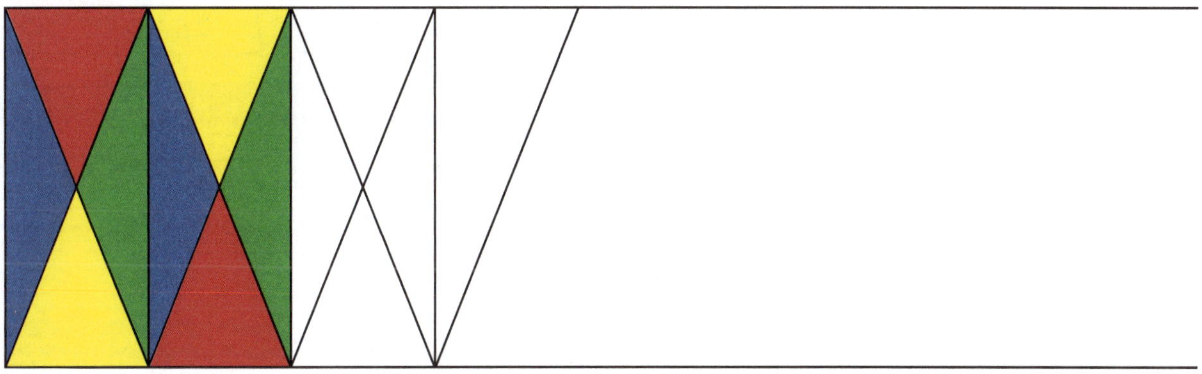

Tonne – Kilogramm – Gramm

1 Ordne. Beginne mit der kleinsten Masse.

7 g N | 750 g P | 700 g L | 250 g I | 200 kg R | 8 kg F | 5 t D | 100 kg E

7 g, ____________________

Lösungswort: N _ _ _ _ _ _ _

2 Was könnte so schwer sein? Verbinde.

3 500 g | 35 kg | 1 t | 5 t | 4 kg

3 Ergänze die fehlenden Schreibweisen.

in Gramm	8 335 g		10 300g		
in Kilogramm und Gramm	8 kg 335 g	18 kg 850 g			0 kg 60 g
in Kilogramm	8,335 kg			7,5 kg	

in Kilogramm	1 234 kg		8 078 kg		
in Tonnen und Kilogramm	1 t 234 kg	5 t 350 kg			35t 3 kg
in Tonnen	1,234 t			12,3 t	

4 Immer zwei Angaben gehören zusammen. Male sie mit der gleichen Farbe aus.

a) Zusammen ergeben sie ein Kilogramm.

500 g | 250 g | 935 g | 812 g | 750 g | 0,5 kg | 188 g | 65 g

b) Zusammen ergeben sie eine Tonne.

892 kg | 0,5 t | 108 kg | 0,75 t | 0,2 t | 0,8 t | 500 kg | 250 kg

5 **a)** 7 kg = ____ g
20 kg = ____ g
56 kg = ____ g

b) 3 t = ____ kg
6 t = ____ kg
10 t = ____ kg

c) 1,5 t = ____ kg
2,5 t = ____ kg
2,25 t = ____ kg

1: Größenangaben ordnen 2: Größenvorstellungen entwickeln 3 und 5: Größenangaben umrechnen
4: Angaben zu 1 kg bzw. zu 1 t ergänzen

1 **a)** Was passt zusammen? Verbinde.

10 l	200 ml	75 ml	2 ml	1 l	200 l

b) Ordne die Rauminhalte der Größe nach. Beginne mit dem größten Rauminhalt.

200 ℓ, ______________________________

c) Gib alle Angaben in Liter (l) und in Milliliter (ml) bzw. Mililiter (ml) und Liter (l) an.

Milch:	1 l = 1000 ml		Wasserglas:	______ ml = ______ l
Eimer:	______ l = ______ ml		Zahnpasta:	______ ml = ______ l
Badewanne:	______ l = ______ ml		Tintenpatrone:	______ ml = ______ l

2 Setze das richtige Zeichen: < = >.

a)		b)		c)	
5 l ◯ 5 000 ml		0,75 l ◯ 0,5 l		250 l ◯ 250 ml	
0,5 l ◯ 600 ml		5,2 l ◯ 5 l 200 ml		300 ml ◯ 0,33 l	
1,5 l ◯ 150 ml		3 l ◯ 300 ml		0,5 l ◯ 500 ml	

3 Für eine Klassenfeier machen Tom und Ben eine leckere Bowle.
Wie viel Liter Bowle kann die Klasse trinken?

Aufgabe:

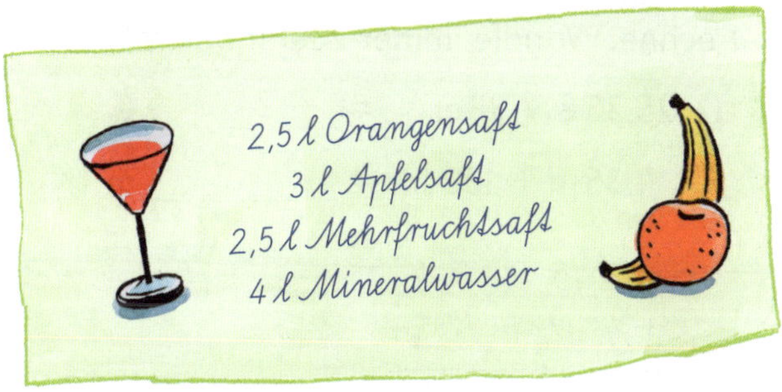

Antwort: ______________________________

1: Größenangaben zuordnen, ordnen und umrechnen (auch in Kommaschreibweise) 2: Größenangaben vergleichen 3: Mit Größenangaben rechnen: Inhalt erfassen; Aufgabe bilden und lösen, im Satz antworten

Größenangaben in Kommaschreibweise

1 Überschlage erst, rechne dann.

a) 5,99 € + 7,55 €

Ü: 6 € + 8 € =

  5,99 €
+ 7,55 €

123,50 € + 254,85 €

Ü:

b) 23,50 m + 27,30 m

Ü:

4,500 km + 6,750 km

Ü:

c) 95,650 kg – 8,450 kg

Ü:

125,352 t – 26,430 t

Ü:

d) 5,3 l – 1,5 l

Ü:

835,2 l – 598,8 l

Ü:

2 Rechne. Wandle immer zuerst beide Größenangaben in die gleiche Einheit um.

a) 25,35 € + 98 ct = __________ €

4,35 m + 180 cm = __________ m

  25,35 €
+ 0,98 €

b) 6,5 kg – 800 g = __________ kg

2500 ml – 0,7 l = __________ l

1: Größenangaben in Kommaschreibweise addieren und subtrahieren
2: Größenangaben in unterschiedlichen Schreibweisen addieren und subtrahieren

Vierecke – Dreiecke

1 Nenne alle Vierecke, die du findest.

Quadrate: ABGH, ____________________

Rechtecke: ABKJ, ____________________

2 Nenne alle Dreiecke, die du findest.

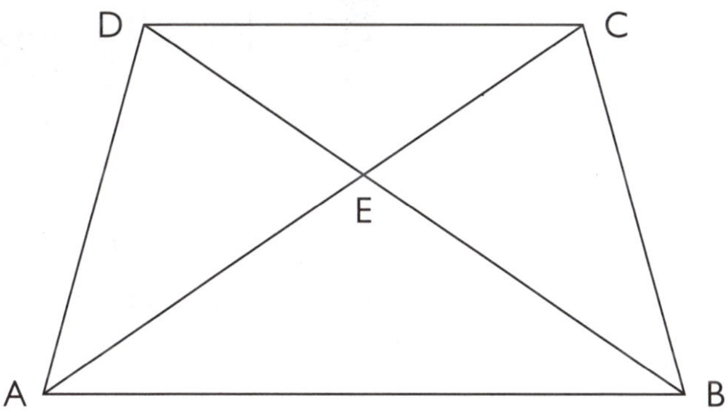

Dreiecke: ABE, ____________________

____

Es gibt 8 Dreiecke.

3 Zeichne in das Viereck zwei Linien so ein, dass zwei Dreiecke und ein Quadrat entstehen.

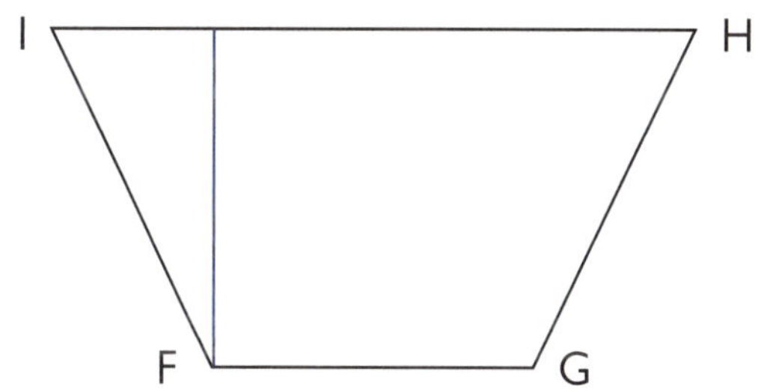

4 Zeichne in das Rechteck zwei Linien so ein, dass vier Dreiecke entstehen.

Zeichnen von Rechtecken und Quadraten

1 Ergänze zum Rechteck.

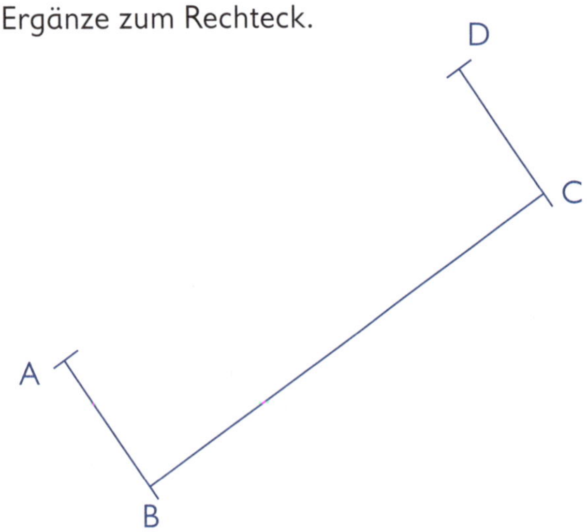

2 Ergänze zum Quadrat.

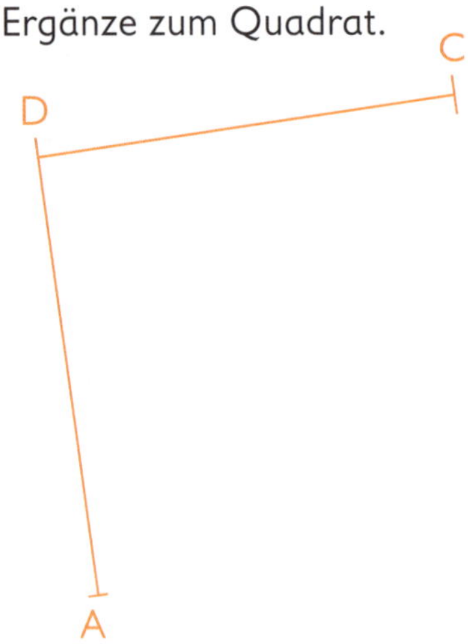

3 **a)** Zeichne ein Rechteck ABCD mit den Seitenlängen $\overline{AB}$ = 80 mm und $\overline{BC}$ = 40 mm.
b) Zeichne eine Strecke ein, die das Rechteck in zwei gleich große Quadrate zerlegt.

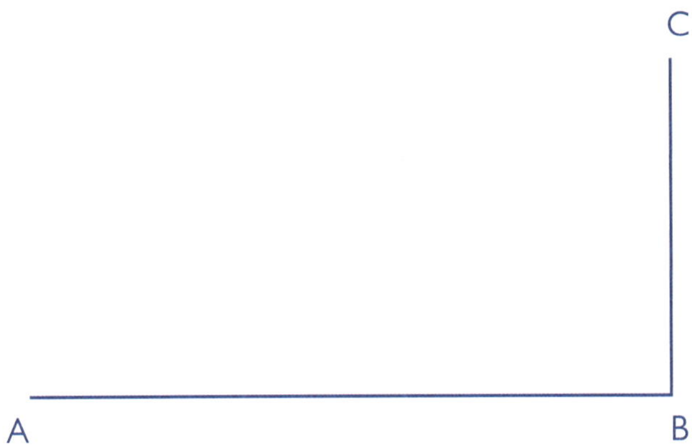

4 Zeichne ein Quadrat EFGH, das doppelt so lange Seiten hat wie das Quadrat ABCD.

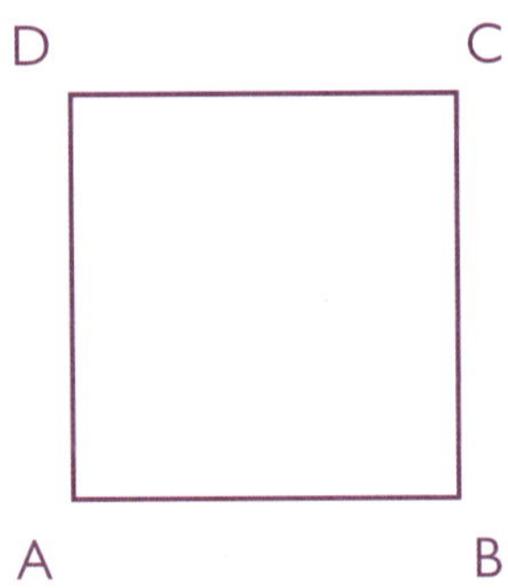

1 und 2: Zum Rechteck bzw. zum Quadrat ergänzen 3: Rechteck nach Vorgabe zeichnen und zerlegen
4: Quadrat mit verdoppelten Seitenlängen zeichnen

Parallelogramme

1 Welche Figuren sind Parallelogramme?
Überprüfe mit dem Geodreieck.

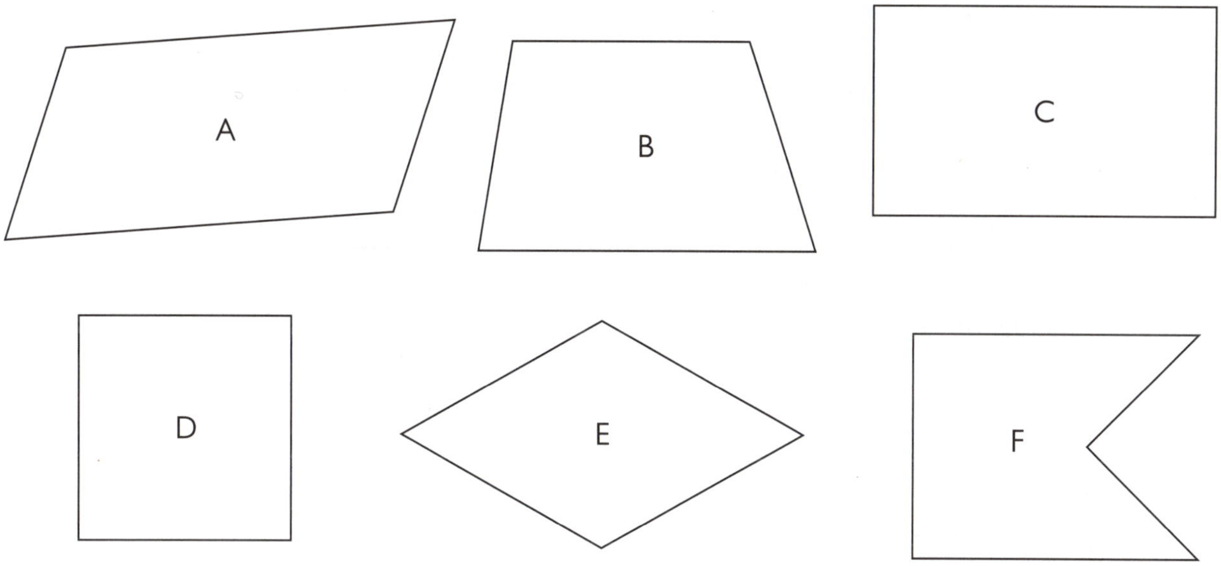

Parallelogramme sind: A, ____________________

2 Vervollständige zu Parallelogrammen.

a) **b)** **c)**

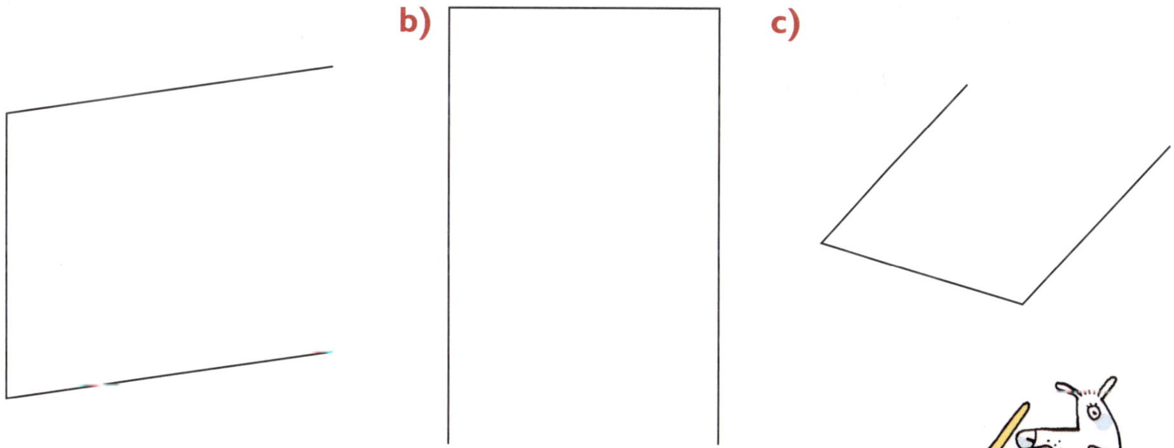

3 Vervollständige mit dem Geodreieck zu Parallelogrammen.

a) **b)** **c)**

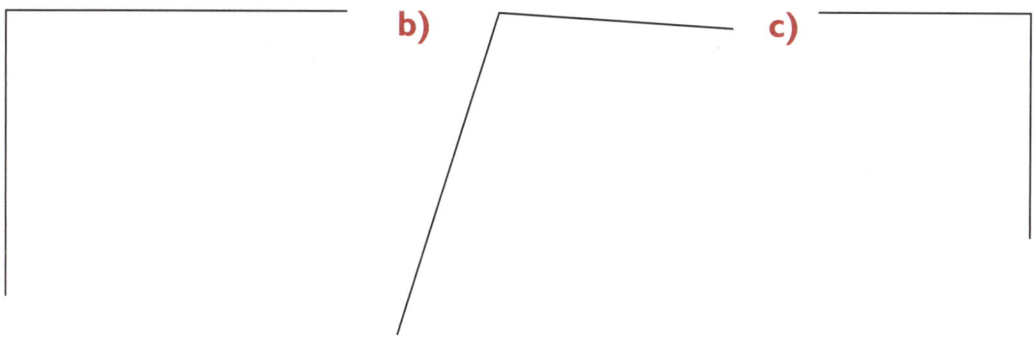

Trapeze

1 **a)** Zerlege durch Einzeichnen von einer weiteren Geraden in zwei Dreiecke und ein Trapez.

b) Zerlege durch Einzeichnen von einer Geraden in zwei Trapeze.

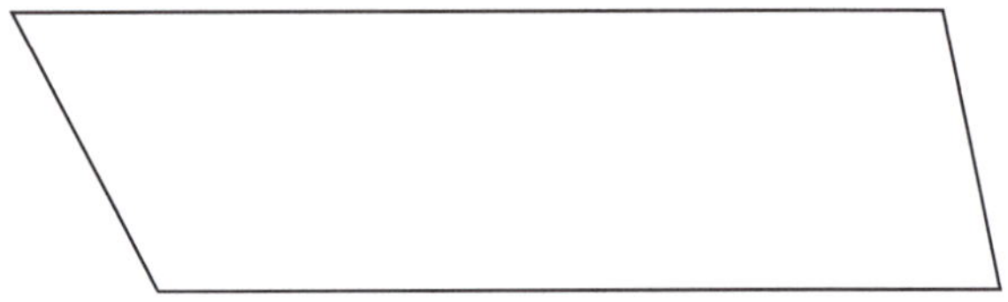

c) Benenne die Eckpunkte aller Trapeze.

2 Zeichne die Muster weiter. Kreuze an, ob die verwendeten Figuren Parallelogramme (Pa), Trapeze (Tr) sind.

a)

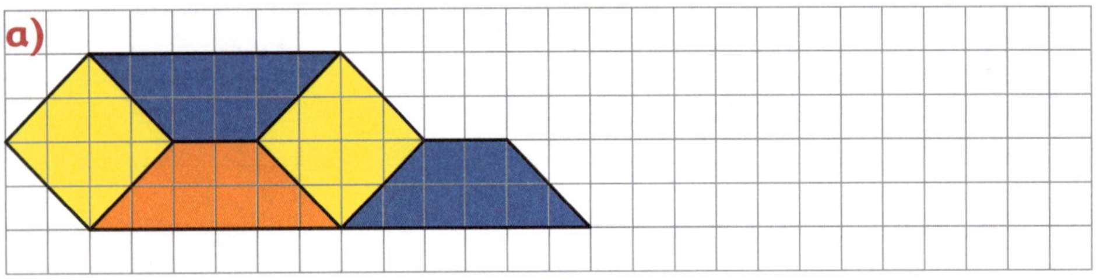

	Pa	Tr
		X

b)

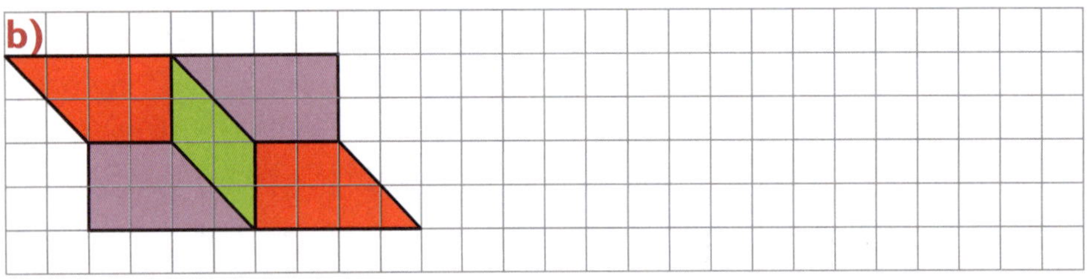

	Pa	Tr

3 Vervollständige zu Trapezen.

a)

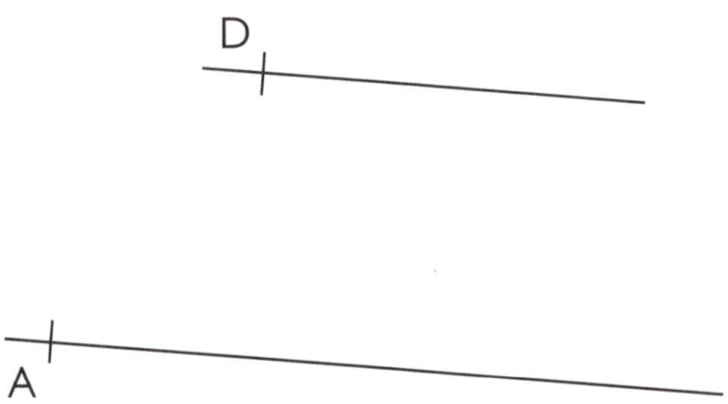

b)

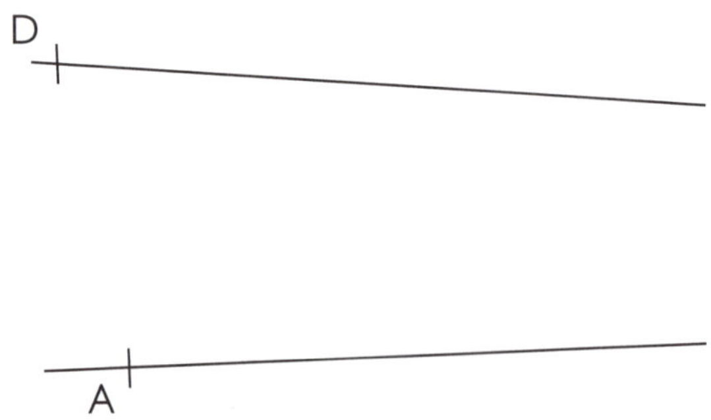

4 Vervollständige mit dem Geodreieck zu Trapezen.

a)

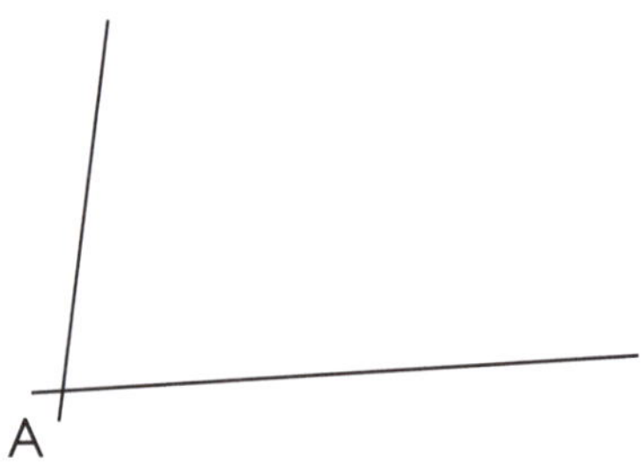

b)

1: Figuren nach Vorgabe zerlegen 2: Muster mit Trapezen zeichnen; Parallelogramme und Trapeze erkennen 3 und 4: Die Vorgaben zu Trapezen ergänzen

Kreise

1 **a)** Zeichne in jeden Kreis einen Radius r und einen Durchmesser d ein. Miss ihre Länge.

b) Zeichne um den Mittelpunkt M des kleinen Kreises einen weiteren Kreis mit einem doppelt so großen Radius.

c) Zeichne um den Mittelpunkt M des großen Kreises einen weiteren Kreis mit einem halb so großen Radius.

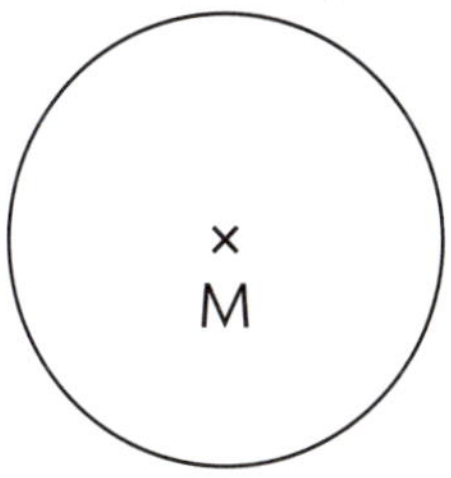

r = ___ mm = ___ cm
d = ___ mm = ___ cm

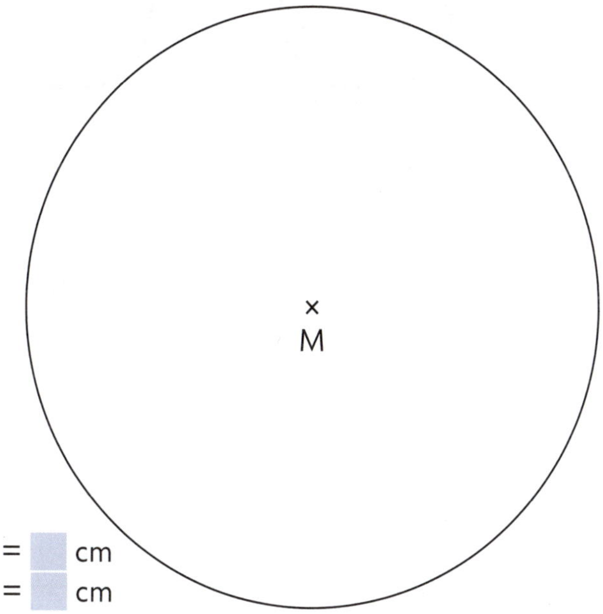

r = ___ mm = ___ cm
d = ___ mm = ___ cm

2 **a)** Zeichne um jeden Eckpunkt des Quadrates einen Kreis. Der Radius der Kreise ist halb so lang wie die Seitenlänge des Quadrates.

r = ___ mm = ___ cm

b) Zeichne in jeden Kreis einen Durchmesser ein. Gib die Längen der Durchmesser an.

d = ___ mm = ___ cm

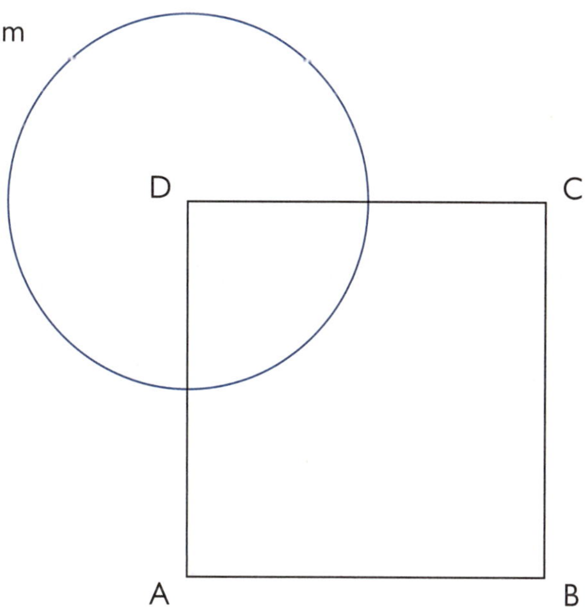

1: Durchmesser und Radius einzeichnen und bestimmen; Kreise nach Vorgabe zeichnen
2: Länge des Radius bestimmen; Kreise zeichnen; Länge des Durchmessers bestimmen

Vielfache und Teiler

1 Finde gemeinsame Vielfache der Zahlen.

a) **b)** **c)** **d)**

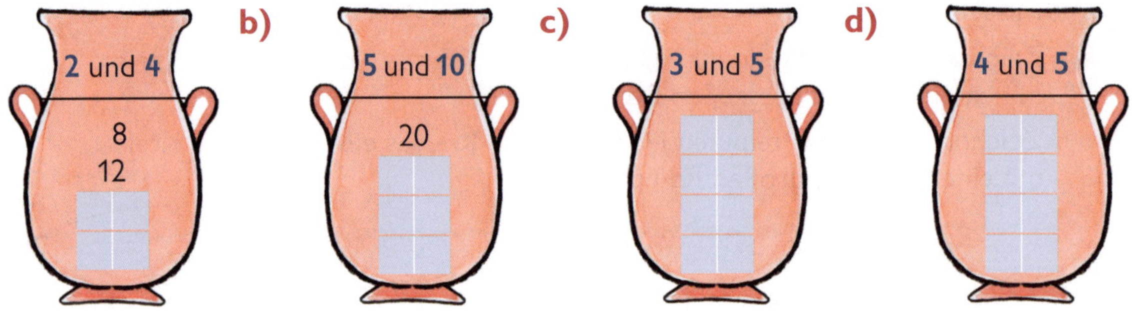

2 **a)** Alle Vielfachen von 10 haben als Endziffer die ___.

b) Alle geraden Zahlen sind Vielfache von ___.

c) Alle Vielfachen von 5 haben ___ oder ___ als Endziffer.

3 Schreibe alle Teiler auf.

alle Teiler von 24
1, 2, ______________________

alle Teiler von 42
____

alle Teiler von 36
____

alle Teiler von 28
____

4 **a)** Eine Zahl hat den Teiler 2, wenn die letzte Ziffer *0, 2,* ______________ ist.

b) Eine Zahl hat den Teiler 10, wenn die letzte Ziffer ______________ ist.

5 Welche Zahlen gehören nicht in den Kasten? Streiche sie durch.

4 und 6 sind Teiler von:
24 30 56
~~64~~ 48 52 36

3 und 4 sind Teiler von:
12 44 36 54
24 48 74

3 und 7 sind Teiler von:
14 35 42
21 63 51

6 Gib 4 Zahlen an, die

a) den Teiler 5 haben: ______________

b) den Teiler 6 haben: ______________

c) die Teiler 3 und 6 haben: ______________

d) die Teiler 4 und 8 haben: ______________

1: Gemeinsame Vielfache finden 2 und 4: Teilbarkeitsregeln vervollständigen 3: Teiler finden
5: Zahlen streichen, die nicht gemeinsame Vielfache der gegebenen Teiler sind 6: Zahlen finden

Multiplizieren

1

45 · 10 = 450
613 · 10 =
4136 · 10 =

36 · 100 =
824 · 100 =
4347 · 100 =

40 · 10000 =
38 · 10000 =
96 · 10000 =

2

6 · 700 = 4200
60 · 700 =
600 · 700 =

40 · 30 =
400 · 30 =
4000 · 30 =

3000 · 3 =
3000 · 30 =
300 · 300 =

3

a) · 700

3	
8	
90	
50	

b) · 4000

4	
3	
70	
80	

c) · 60000

3	
8	
5	
9	

d) · 80000

4	
5	
9	
7	

4

a)

4 · 270 =
4 · 200 = 800
4 · 70 =
800 + =

7 · 350 =
7 · 300 =
7 · 50 =
2100 + =

b)

3 · 3400 =
3 · 3000 = 9000
3 · =
9000 + =

7 · 8100 =
7 · 8000 = 56000
7 · =
56000 + =

5

a)

560 · 3 =
500 · 3 =
· 3 =
+ =

720 · 5 =
700 · 5 =
· 5 =
+ =

b)

6800 · 7 =

9400 · 6 =

c)

2600 · 4 =

3700 · 8 =

Dividieren

1

4200	:	6	=		700
42000	:	6	=		
420000	:	6	=		

6300	:	70	=	
63000	:	70	=	
630000	:	70	=	

2

4800	:	6	=	800
4800	:	60	=	
4800	:	600	=	

45000	:	9	=	
45000	:	90	=	
45000	:	900	=	

3

1720	:	40	=		
1600	:	40	=	40	
120	:	40	=		
40	+		=		

4680	:	90	=	
4500	:	90	=	
180	:	90	=	
	+		=	

3680	:	80	=	
3200	:	80	=	

4

25900	:	700	=	
21000	:	700	=	30
	:	700	=	
30	+		=	

48500	:	500	=	
45000	:	500	=	
	:	500	=	
	+		=	

5 In der Grundschule am Park besuchen 270 Kinder Arbeitsgemeinschaften (AG).

a) Jedes 9. Kind spielt ein Instrument.
Wie viele Kinder spielen ein Instrument?

Aufgabe:

Antwort: ______________________

____

b) Jedes 2. Kind nimmt an einer Sport-AG teil.
Wie viele Kinder nehmen an einer Sport-AG teil?

Aufgabe:

Antwort: ______________________

____

c) Jedes 5. Kind nimmt an einer Informatik-AG teil.

Frage: ______________________

____

Aufgabe:

Antwort: ______________________

____

d) Jedes 10. Kind nimmt an einer Kreativ-AG teil.

Frage: ______________________

____

Aufgabe:

Antwort: ______________________

____

1 und 2: Dividieren durch einstellige Zahlen und durch Zehner- und Hunderterzahlen 3 und 4: Halbschriftliches Dividieren 5: Inhalt erfassen; Frage bei Bedarf formulieren; Aufgabe finden und lösen, im Satz antworten

Multiplizieren mehrstelliger Zahlen mit einstelligen Zahlen

1

H	Z	E		
3	4	1	·	2

H	Z	E		
2	3	0	·	3

T	H	Z	E		
2	1	0	3	·	3

T	H	Z	E		
1	0	2	1	·	4

ZT	T	H	Z	E		
2	0	3	1	3	·	3

ZT	T	H	Z	E		
1	2	0	0	1	·	4

HT	ZT	T	H	Z	E		
2	1	0	2	1	0	·	3

Lösungen zu 1 2:
408
639
682
690
3 609
4 084
4 624
6 309
39 096
48 004
60 939
82 806
630 630
900 960

2 Rechne erst den Überschlag und multipliziere dann.

Ü: 600

H	Z	E		
2	1	3	·	3

Ü:

H	Z	E		
1	0	2	·	4

Ü:

T	H	Z	E		
1	2	0	3	·	3

Ü:

T	H	Z	E		
2	3	1	2	·	2

Ü:

ZT	T	H	Z	E		
1	3	0	3	2	·	3

Ü:

ZT	T	H	Z	E		
4	1	4	0	3	·	2

Ü:

HT	ZT	T	H	Z	E		
3	0	0	3	2	0	·	3

3

T	H	Z	E		
3	3	1	5	·	3

T	H	Z	E		
2	1	0	8	·	4

T	H	Z	E		
1	0	7	3	·	3

T	H	Z	E		
2	1	0	1	·	7

ZT	T	H	Z	E		
1	0	9	1	0	·	8

ZT	T	H	Z	E		
1	6	0	2	0	·	4

HT	ZT	T	H	Z	E		
2	7	3	3	2	2	·	3

4 Die Flugstrecke von Frankfurt am Main nach New York ist 7 040 km lang. Ein Flugzeug fliegt diese Strecke hin und zurück.
Wie viel Kilometer fliegt das Flugzeug?

Aufgabe:

Antwort: ______________________

1 und 2: Multiplizieren ohne Übertrag 3: Multiplizieren mit einem Übertrag
4: Inhalt erfassen; Aufgabe finden und lösen, im Satz antworten

1 Rechne erst den Überschlag und multipliziere dann.

a)
Ü: 300 · 5 =
275 · 5

Ü:
328 · 3

Ü:
159 · 6

b)
Ü: 6000
2348 · 3

Ü:
4907 · 4

Ü:
8768 · 9

Ü:
7072 · 7

c)
Ü:
12195 · 6

Ü:
57097 · 8

Ü:
85876 · 7

954 984 1375 7044 19628 49504
73170 78912 456776 601132

2 Immer zwei Trommeln haben dasselbe Ergebnis. Färbe sie mit der gleichen Farbe.

1250 · 8
10000

1 Rechne erst den Überschlag und multipliziere dann.

a) Ü: 40 · 70 =
36 · 70
0

Ü:
45 · 80
0

b) Ü:
39 · 50

Ü:
54 · 60

c) Ü: 1000 · 60 =
963 · 60

Ü:
2371 · 40

d) Ü:
28415 · 30

Ü:
19238 · 40

2 Rechne erst den Überschlag und multipliziere dann.

a) Ü: 80 · 200 =
83 · 200
00

Ü:
425 · 200
00

b) Ü:
223 · 400

Ü:
270 · 300

c) Ü:
178 · 500

Ü:
309 · 200

3 Rechne und achte auf die Rechenregeln.

a) 382 · 40 – 275 =

b) 435 + 275 · 50 =

c) 270 · 30 – 548 =

Ü:
382 · 40
15280
15280 – 275

1 und 2: Multiplizieren mit Vielfachen von 10 und 100
3: Aufgaben rechnen, dabei Punktrechnung vor Strichrechnung beachten

1 Rechne erst den Überschlag und multipliziere dann.

a)

	Ü:	6	0	0		
		2	5	·	2	4

	Ü:						
		1	7	·	1	4	

	Ü:						
		4	1	2	·	4	5

b)

Ü:						
	1	3	6	·	8	5

	Ü:						
		4	5	0	·	8	1

	Ü:						
		2	4	3	·	4	8

c)

Ü:						
	2	2	3	·	3	6

	Ü:						
		5	8	6	·	1	9

	Ü:						
		3	4	5	·	2	7

2 Finde die Rechenfehler und kreise sie ein. Berichtige anschließend.

2	8	3	·	2	5
		4	6	6	
		1	4	1	5
		1			
		6	0	7	5

4	8	9	·	7	2
	3	2	2	3	
			8	7	8
		1			
	3	3	0	0	8

2	1	0	8	·	3	6
		6	3	0	4	
		1	2	6	4	2
		7	5	6	8	2

2	8	3	·	2	5

3

Multipliziere 68 mit 37.	Multipliziere 788 mit 74.	Multipliziere 195 mit 87.	Multipliziere 264 mit 45.

1 Multipliziere jede Zahl der roten Kärtchen mit jeder Zahl der blauen Kärtchen.

317	705	289	217	89	170

317 · 217   317 · 89   317 · 170

705 · 217   · 89   · 170

289 · 217   · 89   · 170

2 **a)** 31 —· 12→ ☐ —· 19→ ☐ —· 27→ ☐

31 · 12

b) 52 —· 14→ ☐ —· 23→ ☐ —· 35→ ☐

3 Ergänze die fehlenden Ziffern.

	4	0	6	·	8	5
		3	2	4	☐	
			2	0	☐	0
		3	4	☐	1	0

3	4	7	·	4	6
	☐	3	8	8	
		2	0	☐	2
☐	☐	☐	☐	☐	☐

+ − · :

1 Rechne erst den Überschlag und multipliziere dann.

a) Ü: 600 · 100 =
567 · 142

Ü:
615 · 432

b) Ü:
154 · 372

Ü:
217 · 538

c) Ü:
254 · 423

Ü:
121 · 255

2 Überschlage und rechne. Achte auf die Null.

Ü:
754 · 206

Ü:
607 · 398

3 Ein Spielwarenladen bekommt 25 Pakete mit Fußballsammelkarten geliefert.
In jedem Paket sind 375 Sammelpäckchen.
Wie viele Sammelkarten bekommt der Laden geliefert?

Aufgabe:

Antwort: ____________________

1 und 2: Überschlagen und dann multiplizieren 3: Inhalt erfassen; Aufgabe finden und lösen, im Satz antworten

Multiplizieren von Größenangaben in Kommaschreibweise

1 Rechne erst den Überschlag und multipliziere dann.

a) Ü: 20 € · 3 = 60 €
16,40 € · 3

Ü:
4,83 € · 50

b) Ü:
0,79 € · 500

Ü:
6,50 m · 42

c) Ü:
8,7 t · 18

Ü:
25,8 ℓ · 95

2 Die Bertolt-Brecht-Grundschule hat zum Basteln Holzleisten bestellt.
Es werden 6 Pakete Holzleisten geliefert, jedes Paket wiegt 13,5 kg.
Wie viel wiegen die Pakete zusammen?

Aufgabe:

Antwort: ______________________________

3 Beim Paketdienst Hopp-Hopp kostet das Versenden eines eiligen 50-kg-Paketes 58,60 €.
Es werden 4 Pakete verschickt.
Wie viel muss dafür bezahlt werden?

Antwort: ______________________________

____

Sekunde – Minute – Stunde – Woche – Monat – Jahr

1 Zeichne die Zeiger ein und ergänze die fehlenden Uhrzeiten.

10:15 Uhr		3:45 Uhr		0:03 Uhr
22:15 Uhr	18:15 Uhr		17:52 Uhr	

2 Wandle um.

a)

s	min
180	3
360	
600	
480	

b)

min	h
240	
420	
540	
300	

c)

h	Tag
96	
72	
48	
240	

3

a)
90 s = 1 min 30 s
150 s = ☐ min ☐☐ s
260 s = ☐ min ☐☐ s
75 s = ☐ min ☐☐ s

b)
80 min = ☐ h ☐☐ min
100 min = ☐ h ☐☐ min
130 min = ☐ h ☐☐ min
170 min = ☐ h ☐☐ min

c)
3 min 20 s = ☐☐☐ s
5 min 6 s = ☐☐☐ s
2 h 28 min = ☐☐☐ min
1 h 52 min = ☐☐☐ min

4 Ordne. Beginne mit der kürzesten Zeit.

640 min | 5 Jahre | 24 h | 36 Monate | 100 Tage | 4 Wochen

640 min, ____________________

5

a)
35 Tage = ☐ Wochen
56 Tage = ☐ Wochen
☐☐ Tage = 7 Wochen
☐☐ Tage = 10 Wochen

b)
24 Monate = ☐ Jahre
48 Monate = ☐ Jahre
☐☐ Monate = 6 Jahre
☐☐ Monate = 8 Jahre

6

			☐			
		☐		☐		
	15 min		☐		☐	
5 min		10 min		5 min		10 min

1: Zeiger einzeichnen; Vormittags- und Nachmittagszeit angeben 2, 3 und 5: Größenangaben umwandeln
4: Größenangaben der Größe nach ordnen 6: In einer Rechenmauer Größenangaben ergänzen

Zeitpunkt – Zeitdauer

1 Berechne die fehlenden Angaben.

a) 7:25 Uhr —+ 35 min→ [8:00 Uhr] —+ 2 h→ [____ Uhr] —+ 4 h 15 min→ [____ Uhr]

b) 10:45 Uhr —+ ____ min→ 11:15 Uhr —+ ___ h ____ min→ 14:25 Uhr —+ ___ h→ 17:25 Uhr

c) 12:15 Uhr —+ 2 h 10 min→ [____ Uhr] —+ 3 h→ [____ Uhr] —+ 35 min→ [____ Uhr]

2 Ben und Tom sprechen über verschiedene Zeitpunkte. Ergänze Toms Sätze.

3 Ergänze den Text mit Hilfe eines Kalenders.

Vom 6. Mai bis zum 24. Mai vergehen ____ Tage.

Vom 19. April bis zum 5. Mai vergehen ____ Tage.

4 Die Mathefreunde wollten um 12:00 Uhr bei Max sein. Tom kam pünktlich. Maria war 5 Minuten zu spät. Drei Minuten zu früh kam Anna. Ben kam 10 Minuten zu früh.

a) Wann kamen die Kinder bei Max an?

Tom: ______ Uhr Maria: ______ Uhr

Anna: ______ Uhr Ben: ______ Uhr

b) In welcher Reihenfolge kamen sie bei Max an?

1. ____________ 2. ____________ 3. ____________ 4. ____________

1 bis 3: Zeitpunkte und Zeitspannen berechnen
4: Ankunftszeiten der Kinder berechnen und Reihenfolge angeben

Flächeninhalt

1 Bestimme die Fläche mit dem größten und die mit dem kleinsten Flächeninhalt.

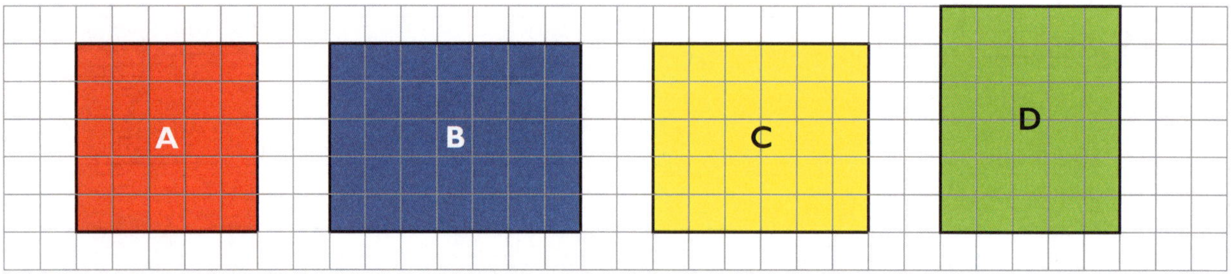

___ Kästchen ___ Kästchen ___ Kästchen ___ Kästchen

Größte Fläche: ___ mit einem Flächeninhalt von ___ Kästchen

Kleinste Fläche: ___ mit einem Flächeninhalt von ___ Kästchen

2 Zeichne ein Rechteck EFGH, das den gleichen Flächeninhalt hat wie das Rechteck ABCD.

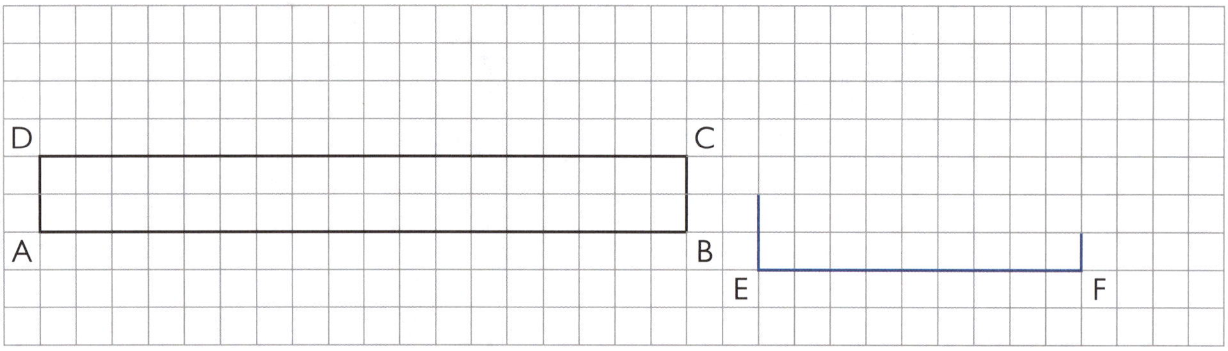

3 Vergleiche den Flächeninhalt der blauen Fläche mit dem Flächeninhalt der weißen Fläche.

blaue Fläche: ___ Kästchen

weiße Fläche: ___ Kästchen

Welche Fläche ist größer?

___

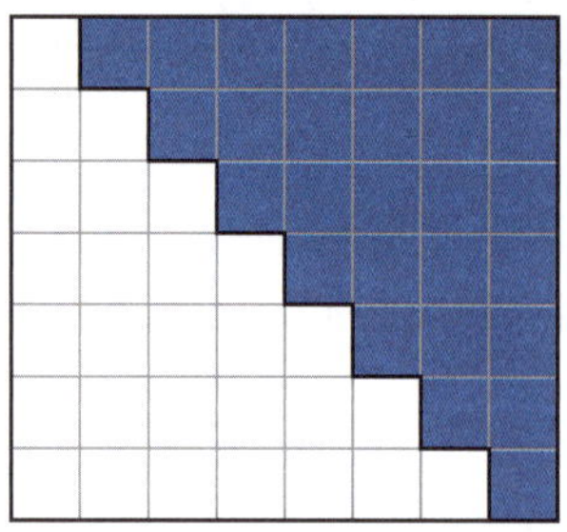

4 Überlege, wie du die Anzahl der Kästchen dieser Flächen berechnen kannst.

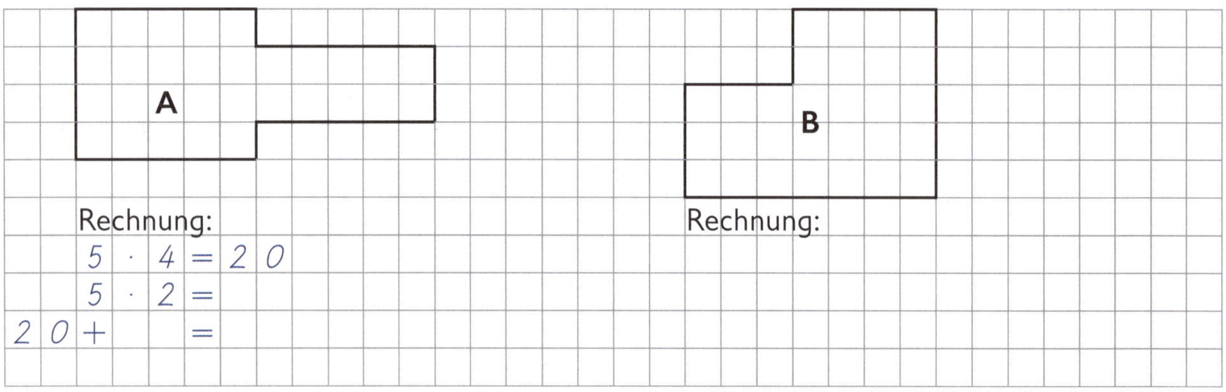

Fläche A: ___ Kästchen

Fläche B: ___ Kästchen

Flächenumfang

1 Gib den Umfang der Figuren an.

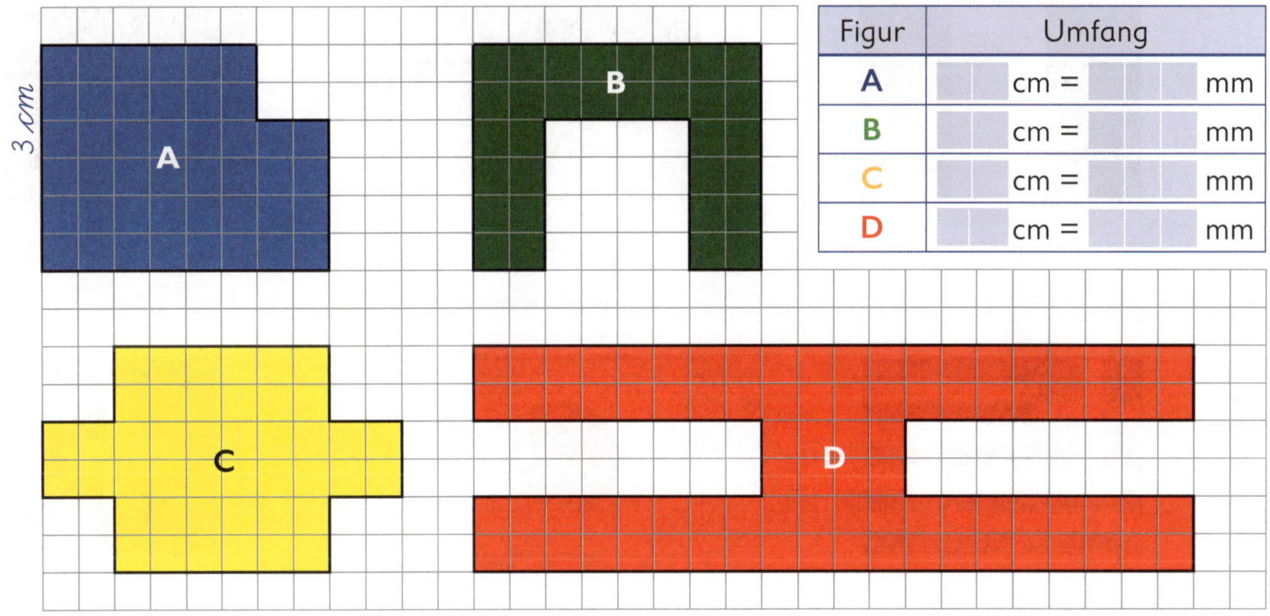

Figur	Umfang
A	___ cm = ___ mm
B	___ cm = ___ mm
C	___ cm = ___ mm
D	___ cm = ___ mm

2 **a)** Zeichne zwei andere Figuren, die den gleichen Umfang wie die Figur E haben.
Nenne die neuen Figuren F und G.

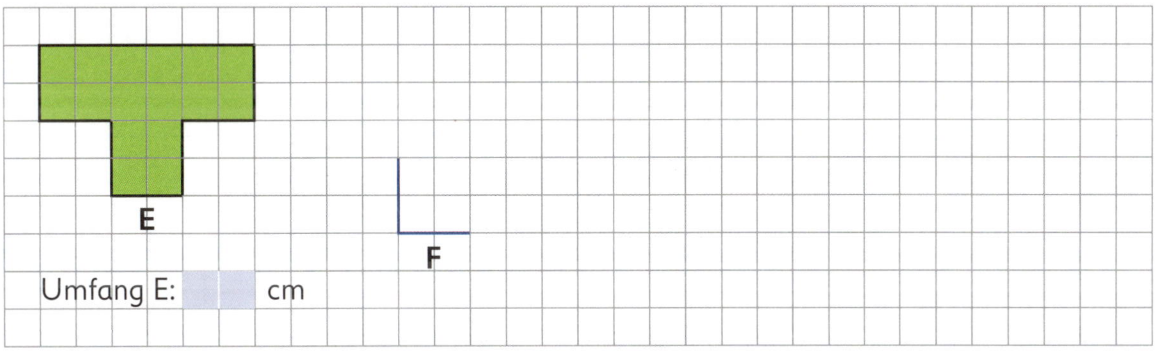

Umfang E: ___ cm

b) Vergleiche den Flächeninhalt der drei Figuren miteinander.

E: ___ Kästchen F: ___ Kästchen G: ___ Kästchen

3 Berechne den Umfang der Rechtecke.

Länge	Breite	Umfang
6 cm	2 cm	16 cm
5 m	8 m	
3 cm	6 cm	
40 mm	50 mm	

Achsensymmetrische Figuren

1 **a)** Welche Fahnen sind symmetrisch? Kreuze an und zeichne alle Symmetrieachsen ein.

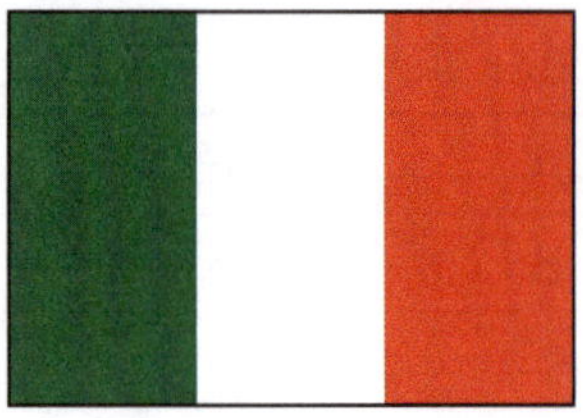  

 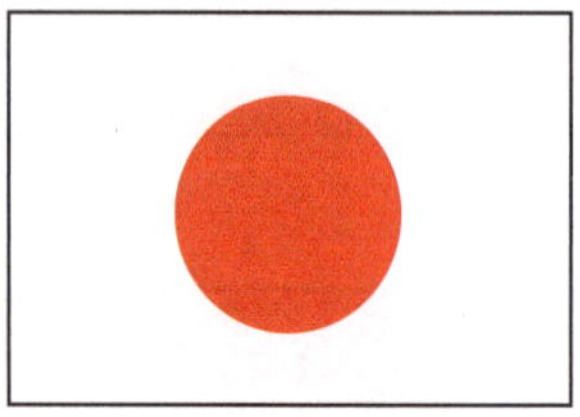 

b) Finde heraus, wie die Länder heißen. Schreibe unter jede Fahne das Land.

2 Vervollständige zu symmetrischen Figuren.

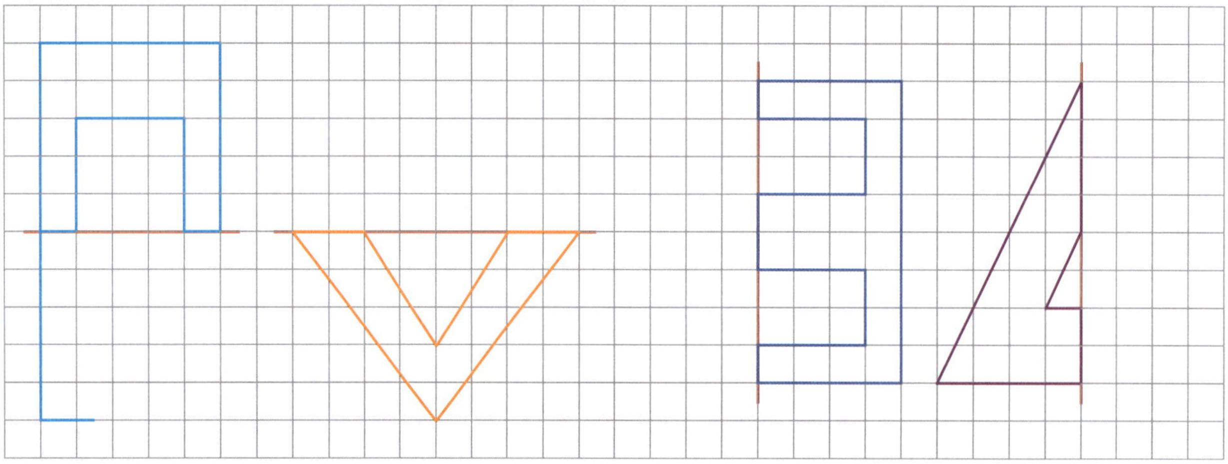

3 Spiegele die Figuren an den Spiegelachsen.

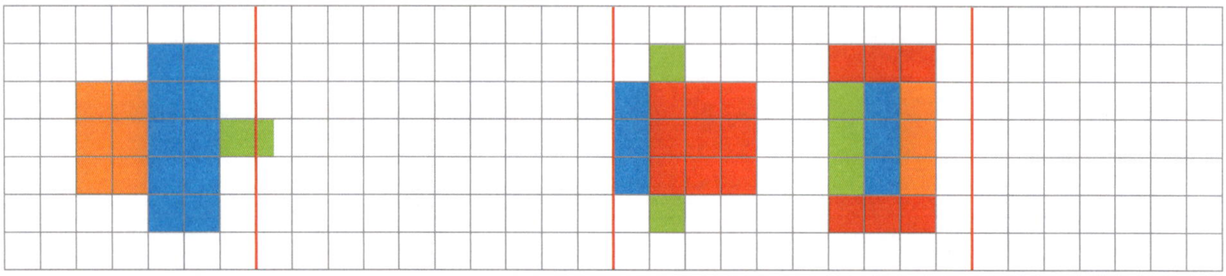

1: Symmetrie bestimmen; Symmetrieachsen einzeichnen; Ländernamen zuordnen
2: Figuren achsensymmetrisch vervollständigen 3: An den Spiegelachsen spiegeln

Drehsymmetrische Figuren

1 Diese Figur wurde gedreht.
Welche der Figuren A bis D können durch Drehen entstehen? Kreuze an.

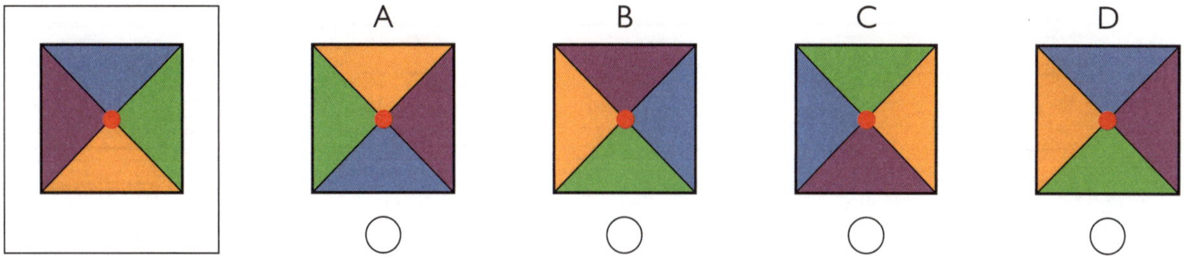

2 **a)** Drehe die Figur um eine Vierteldrehung nach rechts.

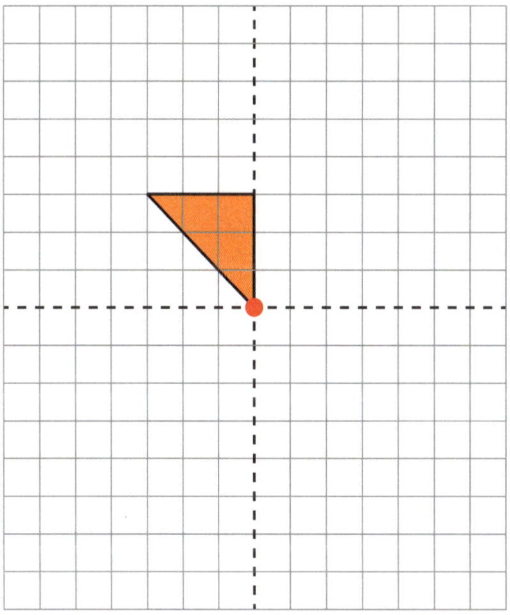

b) Drehe die Figur um eine halbe Drehung nach links.

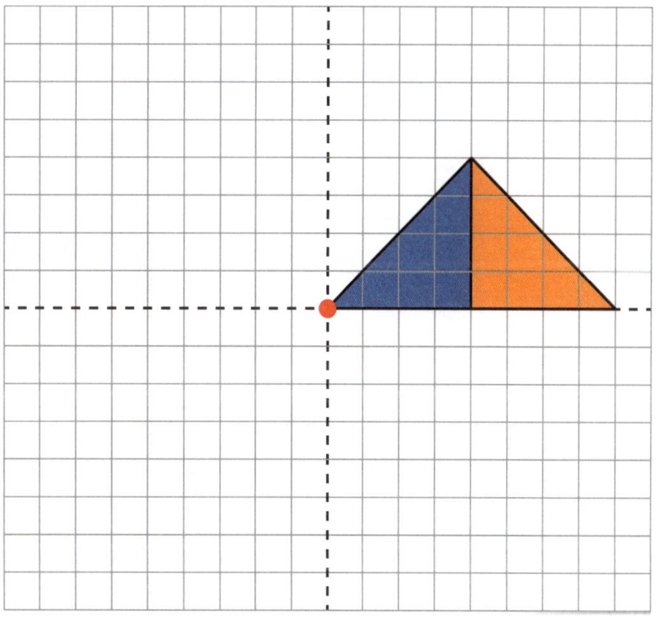

3 Ergänze die Figuren so, dass drehsymmetrische Figuren entstehen.

a)

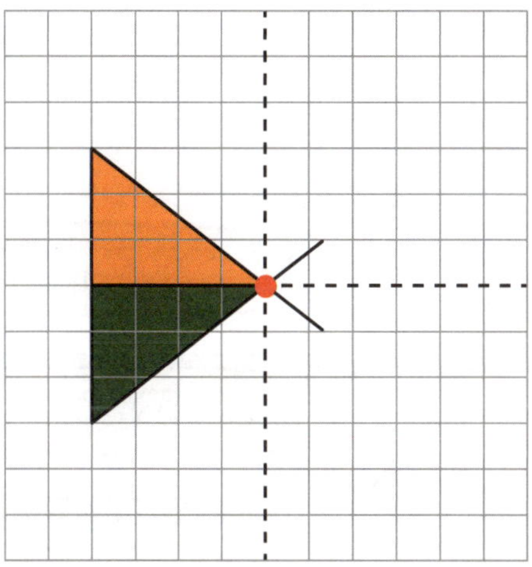

b)

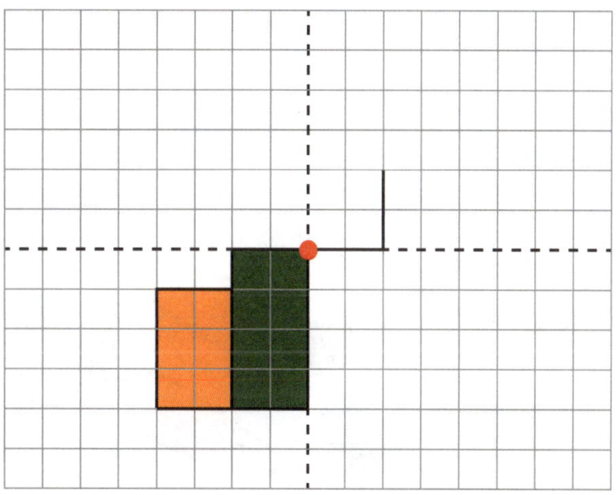

1: Drehsymmetrische Figuren erkennen 2: Nach Vorgabe drehen
3: Figuren drehsymmetrisch ergänzen

Dividieren mehrstelliger Zahlen durch einstellige Zahlen

1 Dividiere schriftlich und kontrolliere mit der Umkehraufgabe.

a)

H	Z	E				H	Z	E
9	9	6	:	6	=	1		
6								
						K:		
								· 6

b)

H	Z	E				H	Z	E
9	1	8	:	9	=			
						K:		
								· 9

2 8 8 9 : 7 =   K:

3 1 6 : 4 =   K:

8 4 5 : 5 =   K:

3 Im Geflügelhof werden 984 Eier in 6er-Packungen verpackt.

Frage: ______________________

Aufgabe: K:

Antwort: ______________________

4 Es sollen 744 Buntstifte in Schachteln zu je 8 Buntstiften verpackt werden.

Frage: ______________________

Aufgabe: K:

Antwort: ______________________

5 Überschlage und ordne dem richtigen Korb zu.

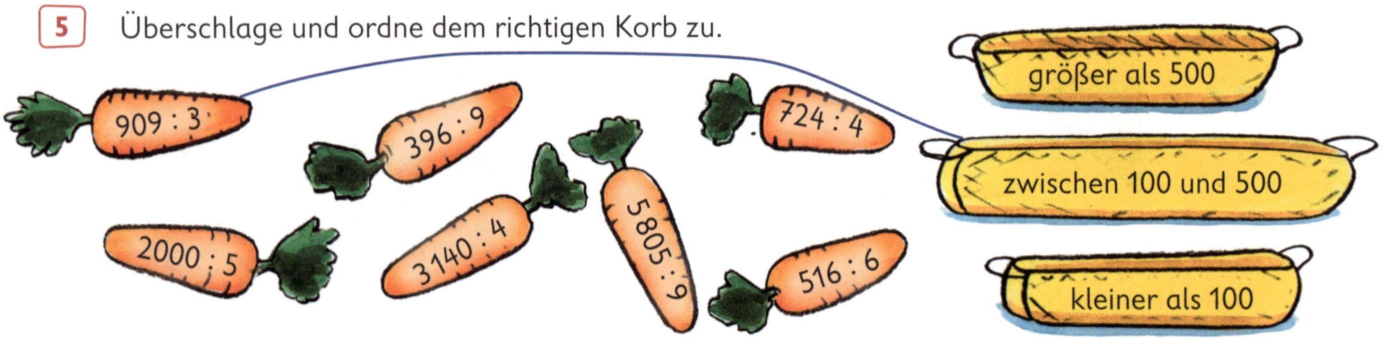

1 und 2: Schriftliches Dividieren; mit Umkehraufgabe kontrollieren 3 und 4: Inhalt erfassen; Frage formulieren; Aufgabe finden und lösen, im Satz antworten 5: Überschlagen und zuordnen

TÜ 54

1 Überschlage, rechne und kontrolliere.

a) Ü: 8000 : 4 =
8504 : 4 =
K:

b) Ü:
9611 : 7 =
K:

2 Schreibe erst die Aufgabe.
Überschlage, rechne und kontrolliere dann.

Dividiere 678 durch 3.

Dividiere 875 durch 5.

Dividiere 984 durch 8.

3 Überschlage, rechne und kontrolliere.

a) Ü: 72000 : 9 =
73296 : 9 =
K:

b) Ü:
31988 : 4 =
K:

Dividieren mit Rest

1 Überschlage erst, rechne dann.
Kontrolliere zum Schluss mit der Umkehraufgabe.

a) Ü: 4800 : 8 =
4719 : 8 = R
K:
+

b) Ü:
3657 : 6 = R
K:
+

c) Ü:
2263 : 7 =
K:
+

d) Ü:
4364 : 9 =
K:
+

2 Im Lager einer Schokoladenfabrik liegen 290 Pralinenschachteln.
Immer 9 Pralinenschachteln werden in einen Karton gepackt.

a) Wie viele Kartons können gepackt werden?
b) Wie viele Schachteln bleiben übrig?

Aufgabe:

Antworten: a) ______________________

b) ______________________

3 Jana hat in ihrem Kiosk 258 Tafeln Schokolade.

a) Wie viele Sonderangebots-Päckchen kann sie daraus zusammenstellen?
b) Wie viele Tafeln bleiben übrig?

Aufgabe:

Antworten: **a)** ______________________
b) ______________________

1: Schriftliches Dividieren mit Rest; Kontrolle mit der Umkehraufgabe
2 und 3: Inhalt erfassen; Aufgabe finden und lösen, im Satz antworten

Teilbarkeit

1 44 895   25 693   579 350   5 898   459 685   658 347

295 368   67 895   563 246   132 650   35 694   126 330

a) Kreise alle Zahlen grün ein, die durch 2 teilbar sind: (2)
b) Kreise alle Zahlen blau ein, die durch 5 teilbar sind: (5)
c) Kreise alle Zahlen rot ein, die durch 10 teilbar sind: (10)

2 145 251   245 313   25 897   187 101   412 353   312 867

71 893   152 241   253 251   123 423   213 822   56 121

a) Kreise alle Zahlen gelb ein, die durch 3 teilbar sind: (3)
b) Kreise alle Zahlen lila ein, die durch 9 teilbar sind: (9)

3 Schreibe alle Zahlen zwischen 160 und 200 auf, die

a) durch 2 teilbar sind: *162, 164, 166,* ______

b) durch 5 teilbar sind: ______

c) durch 10 teilbar sind: ______

4 Prüfe die Teilbarkeit der Zahlen mit Hilfe der Teilbarkeitsregeln. Kreuze an.

Zahl	durch 2	durch 3	durch 5	durch 9	durch 10
12 345		X	X		
85 630					
3 621					
5 922					
12 501					
78 965					

5 Entscheide: wahr (w) oder falsch (f).

1 550 ist durch 10 teilbar. (w)
236 ist durch 3 teilbar. ( )
791 ist ungerade. ( )
2 107 ist durch 5 teilbar. ( )

3 609 ist durch 9 teilbar. ( )
471 ist durch 3 teilbar. ( )
893 ist gerade. ( )
3 120 ist durch 5 teilbar. ( )

Dividieren von Größenangaben in Kommaschreibweise

1 Überschlage erst, rechne dann.

Ü: 6000 g : 5 =
6235 g : 5 =

Ü:
9888 ct : 8 =

Gib das Ergebnis in kg an: ___ , ______ kg.

Gib das Ergebnis in Euro an: ____ , ____ €.

2 Wandle um in Cent, rechne dann. Ergänze die Tabelle in Euro.

	6er-Pack Hefte	3er-Pack Pinsel	5er-Pack Bleistifte	4er-Pack Blöcke
Preis	3,30 €	4,83 €	6,45 €	4,72 €
Einzelpreis	0,55 €			

3,30 € = 330 ct
330 ct : 6 = 55 ct
30
 30
 30
  0

3 232,02 m : 6 =
232,02 m = 23202 cm
23202 cm : 6 =

188,09 m : 7 =

1 bis 3: Schriftliches Dividieren mit Größenangaben; Ergebnis in Kommaschreibweise umwandeln

Punktrechnung und Strichrechnung in einer Aufgabe

1 Rechne und achte auf die Rechenregeln.

a) 184 + 728 : 4 =

728 : 4 = 182
4
32
32
08
8
0

  184
+ 182

184 : 4 + 728 =

b) 981 : 9 − 9 =

981 − 9 : 9 =

c) 532 : 7 + 385 =

532 + 385 : 7 =

2 **a)** 396 : 9 + 66 = **b)** 381 + 145 : 5 = **c)** 51 + 255 : 5 =

396 : 9 =

Durchschnitt

1 Berechne den Durchschnitt.

Tipp:
Addiere erst alle Zahlen. Dann dividiere das Ergebnis durch die Anzahl der Zahlen.

258, 359, 460

	2	5	8			1	0	7	7	:	3	=
+	3	5	9									
+	4	6	0									
	1	1	1									
1	0	7	7									

256, 356, 456

376, 284, 139, 409

213, 94, 341, 108

2 Der Zirkus Rolando hatte von Donnerstag bis Sonntag vier Vorstellungen.
Wie viele Besucher waren im Durchschnitt in einer Vorstellung?

Aufgaben:

Vorstellung	Besucher
Donnerstag	250
Freitag	395
Sonnabend	350
Sonntag	425

Antwort: ______________________________

____

____

Dividieren durch zweistellige Zahlen

1 Überschlage erst, rechne dann. Kontrolliere zum Schluss mit der Umkehraufgabe.

a) Ü: 3000 : 30 = 100
3630 : 30 =
K:

b) Ü:
5550 : 50 =
K:

c) Ü:
67230 : 90 =
K:

d) Ü:
26320 : 70 =
K:

2 Im April hatte das Thermalbad an 30 Tagen 20 670 Besucher. Wie viele Besucher waren es durchschnittlich an einem Tag?

Aufgabe:

Antwort: ______________________

____

3 An 20 Tagen waren insgesamt 16 440 Besucher im Spaßbad. Wie viele Besucher waren das im Durchschnitt täglich?

Aufgabe:

Antwort: ______________________

____

1: Schriftliches Dividieren durch Zehnerzahlen; Kontrolle mit der Umkehraufgabe
2 und 3: Inhalt erfassen; Aufgabe finden und lösen, im Satz antworten

Sachaufgaben – Abschlussfahrt

1 Heute ist der 2. Mai. Die Kinder der 4a wollen am 20. Mai ins Schullandheim fahren. Wie viele Tage müssen sie noch warten?

Antwort:

APRIL

Mo	Di	Mi	Do	Fr	Sa	So
	1	2	3	4	5	6
7	8	9	10	11	12	13
14	15	16	17	18	19	20
21	22	23	24	25	26	27
28	29	30				

MAI

Mo	Di	Mi	Do	Fr	Sa	So
			1	2	3	4
5	6	7	8	9	10	11
12	13	14	15	16	17	18
19	20	21	22	23	24	25
26	27	28	29	30	31	

JUNI

Mo	Di	Mi	Do	Fr	Sa	So
						1
2	3	4	5	6	7	8
9	10	11	12	13	14	15
16	17	18	19	20	21	22
23	24	25	26	27	28	29
30						

2 Die Klasse 4a fährt vom 11. Juni bis zum 17. Juni auf Klassenfahrt. Die Parallelklasse 4b fährt vom 18. Juni bis zum 23. Juni. Welche Klassenfahrt dauert länger?

Antwort:

3 Die Lehrerin hat von 6 Kindern schon 510 € eingenommen.

a) Wie viel Euro hat jedes Kind für die Fahrt bezahlt?

b) Wie viel Euro hat die Lehrerin eingesammelt, wenn alle 22 Kinder bezahlt haben?

Aufgaben:

Antwort **a)**:

Antwort **b)**:

4 Im Schullandheim angekommen machen die Kinder einen Plan für Wanderungen. Sie wollen am 1. Tag 7,7 km, am 2. Tag 7,8 km und am 3. Tag 8,5 km wandern. Wie viel Kilometer wandern sie durchschnittlich an einem Tag?

Aufgabe:

Antwort:

1 bis 4: Sachaufgaben: Inhalt erfassen; Aufgaben finden und lösen, im Satz antworten

Kombinieren

1 Maria hat blaue und rote Plättchen.
Sie legt immer vier Plättchen in eine Reihe.
Wie könnte sie legen? Male aus.

●(blau) ●(rot) ●(rot) ●(rot)	●(blau) ●(blau) ●(rot) ●(rot)	○○○○	○○○○
○○○○	○○○○	○○○○	○○○○
○○○○	○○○○	○○○○	○○○○
○○○○	○○○○	○○○○	○○○○

2 Ben überlegt, welchen Pullover und welche Hose er zusammen anzieht. Male sie in der Tabelle mit der entsprechenden Farbe an. Finde alle Möglichkeiten.

	braune Hose	schwarze Hose
blauer Pullover		
gelber Pullover		
grüner Pullover		

3 Färbe die Wimpel so, dass an jeder Wimpelkette die Farben blau, rot und grün einmal vorhanden sind. Alle Wimpelketten sollen verschieden sein.

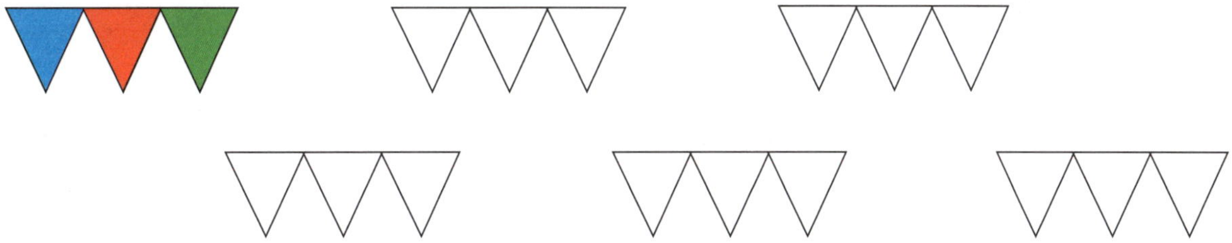

Daten – Häufigkeiten – Wahrscheinlichkeit

1 Von 100 kg Papier werden verwendet für:

(A) Druck- und Zeitungspapier	40 kg
(B) Verpackungsmaterial	35 kg
(C) Schreibpapier	15 kg
(D) Hygienepapier	5 kg
(E) Spezialpapier	5 kg

Stelle diese Angaben in einem Streifendiagramm dar.

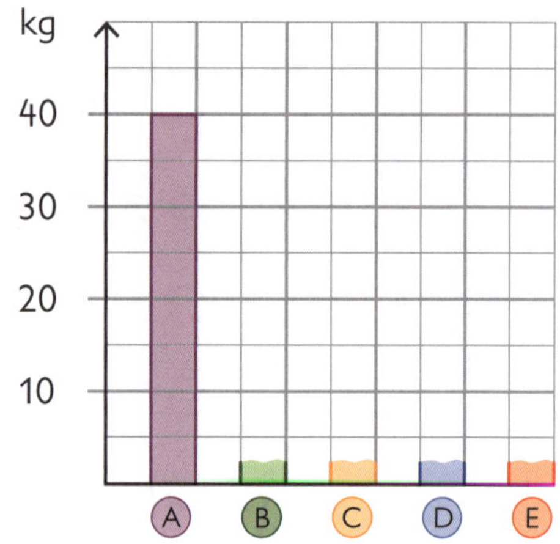

2 Sammlung von Papier in einer Kleinstadt

Jahr	2011	2012	2013	2014	2015	2016
Papier pro Einwohner	43 kg	55 kg	86 kg	92 kg	110 kg	172 kg

a) Die Stadt hat ungefähr 10 000 Einwohner.

Wie viel Kilogramm Papier wurden in den Jahren 2011 und 2016 gesammelt?

2011 wurden ___*430 000*___ kg Papier gesammelt, das sind ________ t.

2016 wurden ____________ kg Papier gesammelt, das sind ________ t.

b) Im Jahr ☐☐☐☐ wurde doppelt so viel Papier gesammelt wie im Jahr 2012.

3 Worüber gibt das Streifendiagramm Auskunft? Sprich dazu.

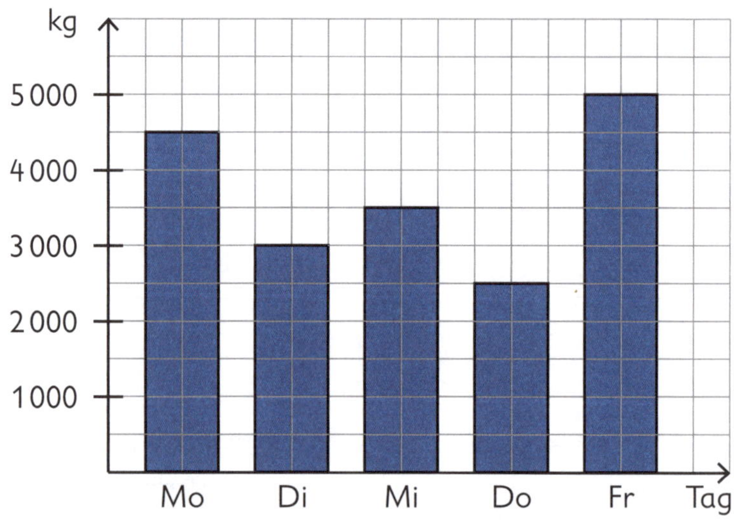

Trage die tägliche Annahmemenge in die Tabelle ein.

Tag	Montag	Dienstag	Mittwoch	Donnerstag	Freitag
Papier	*4 500 kg*	kg	kg	kg	kg

1: Streifendiagramm erstellen 2: Gesamtmenge für die Stadt berechnen
3: Mengen dem Diagramm entnehmen und in die Tabelle eintragen

Maßstab – Vergrößern und Verkleinern

1 Schreibe doppelt so groß.

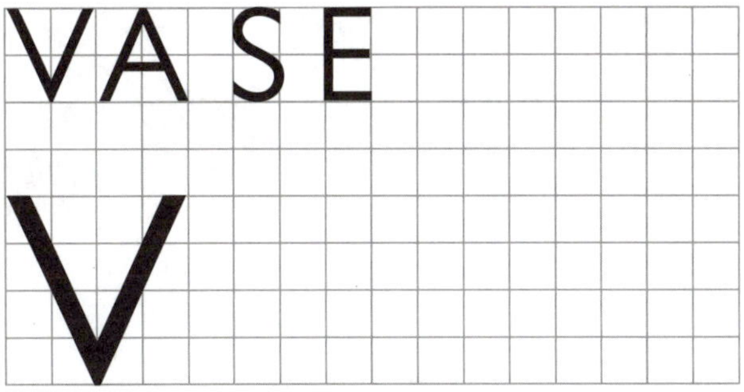

2 Schreibe halb so groß.

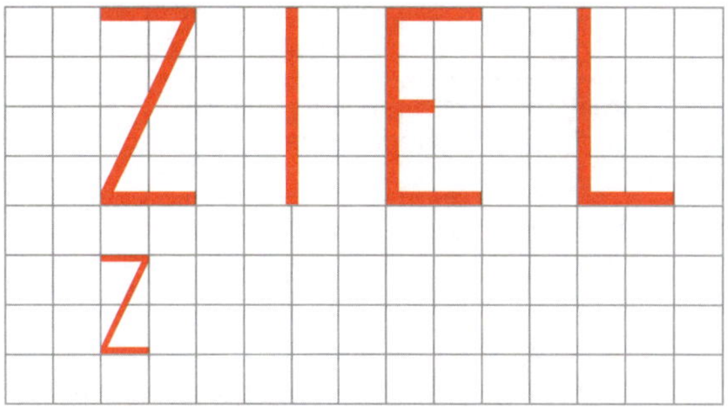

3 Zeichne im Maßstab 3 : 1.

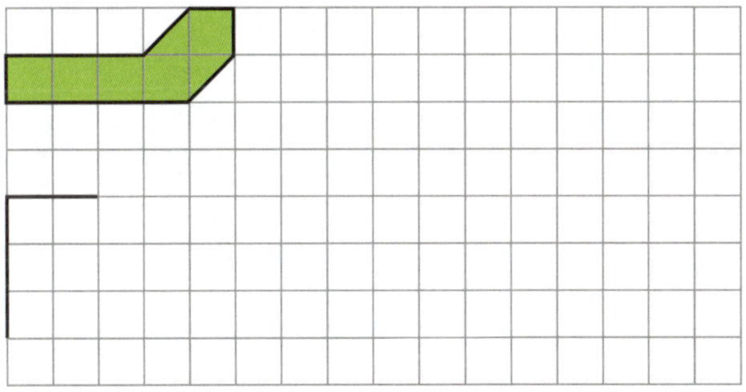

4 Zeichne im Maßstab 1 : 2.

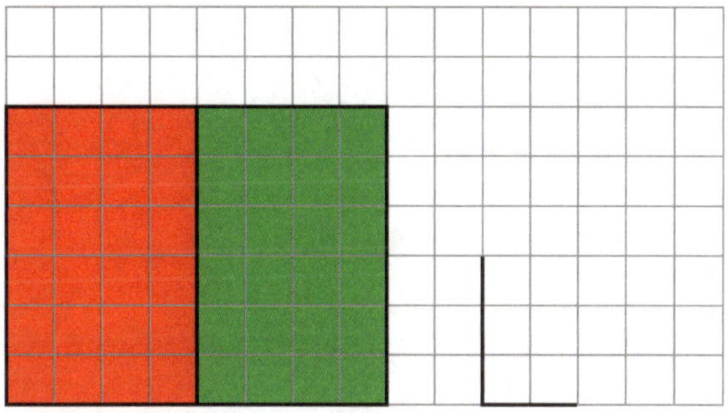

5 Bestimme den Maßstab des vergrößerten Bildes.

a) Vergrößert — Wirklichkeit

Länge: *32 mm* — ____ *mm*

Maßstab: __ : __

b) Vergrößert — Wirklichkeit

Länge: ____ *mm* — ____ *mm*

Maßstab: __ : __

6 Bestimme den Maßstab. Miss dazu die Länge im Bild und vergleiche sie mit der Länge in Wirklichkeit.

3 cm

Länge in Wirklichkeit:
30 cm
Maßstab 1 : ____

☐ cm

Länge in Wirklichkeit:
1,80 m = ☐☐☐ cm
Maßstab 1 : ____

☐ cm

Länge in Wirklichkeit:
200 m = ☐☐☐☐☐ cm
Maßstab 1 : ____

1 bis 4: Buchstaben und Bilder vergrößert bzw. verkleinert zeichnen
5 und 6: Maßstab bestimmen

Maßstäbe

1 Tom sammelt Modelle von Fahrzeugen.

Modell	Länge des Modells	Maßstab	Länge in Wirklichkeit
Auto	10 cm	1: 50	500 cm = m
Flugzeug	20 cm	1:500	cm = m
Lokomotive	25 cm	1:100	cm = m

2 Anna hat auf dem Stadtplan angekreuzt, wo die Mathefreunde wohnen.

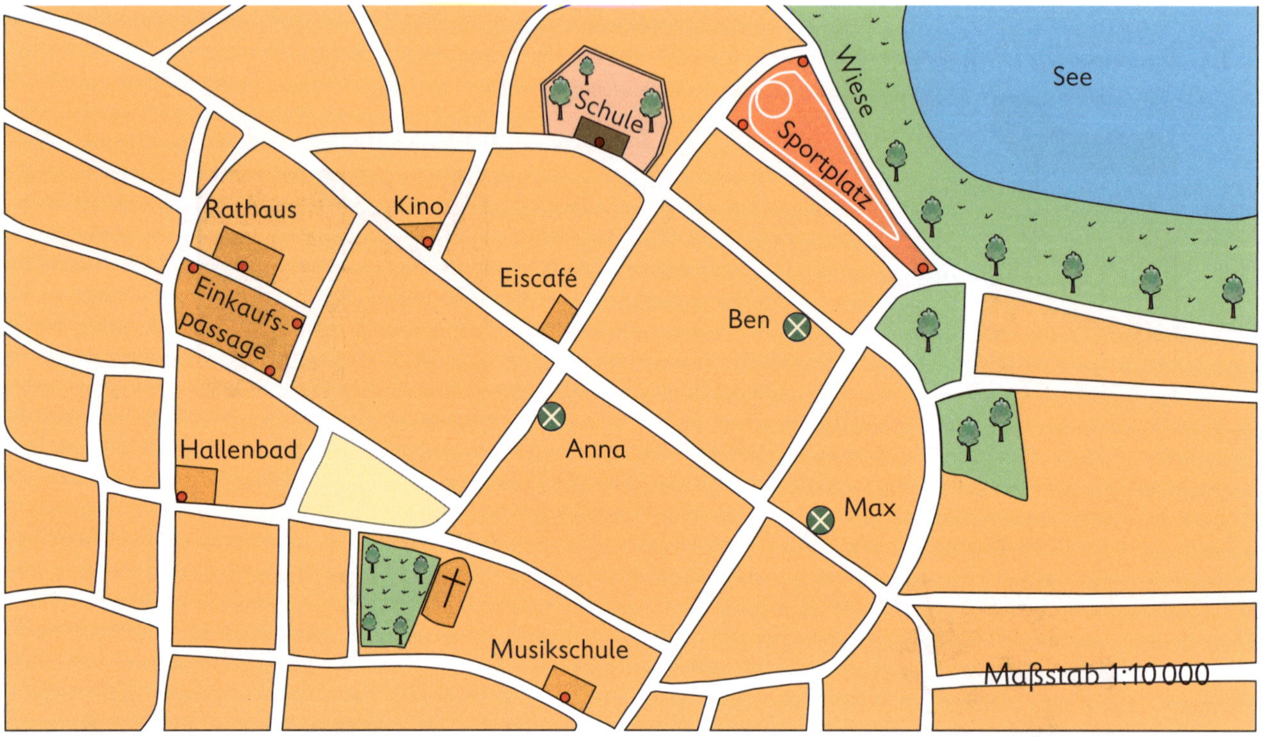

Diese Karte hat einen Maßstab von 1:10 000.
1 cm auf der Karte sind in Wirklichkeit 10 000 cm = 100 m.

a) Miss die Schulwege der Kinder auf der Karte. Dann schreibe auf, wie viele Zentimeter sie auf der Karte und in Wirklichkeit lang sind. Rechne um in Meter.

	Schulweg auf der Karte	Schulweg in Wirklichkeit
Max	7 cm	70 000 cm = m
Anna	cm	cm = m
Ben	cm	cm = m

b) Max, Anna und Ben gehen am Dienstag ins Kino. Wie lang sind ihre Wege?

Max: 650 m,

c) Ben hat Trompetenunterricht in der Musikschule. Max spielt auf dem Sportplatz.

Anna geht zum Schwimmtraining. Wie lang sind ihre Wege?

Ben:

1: Längen nach Maßstab bestimmen 2: Sich auf einem Stadtplan orientieren; Entfernungen nach vorgegebenem Maßstab bestimmen

Körper

1 Welche Körper sehen von oben so aus? Verbinde und schreibe die Namen darunter.

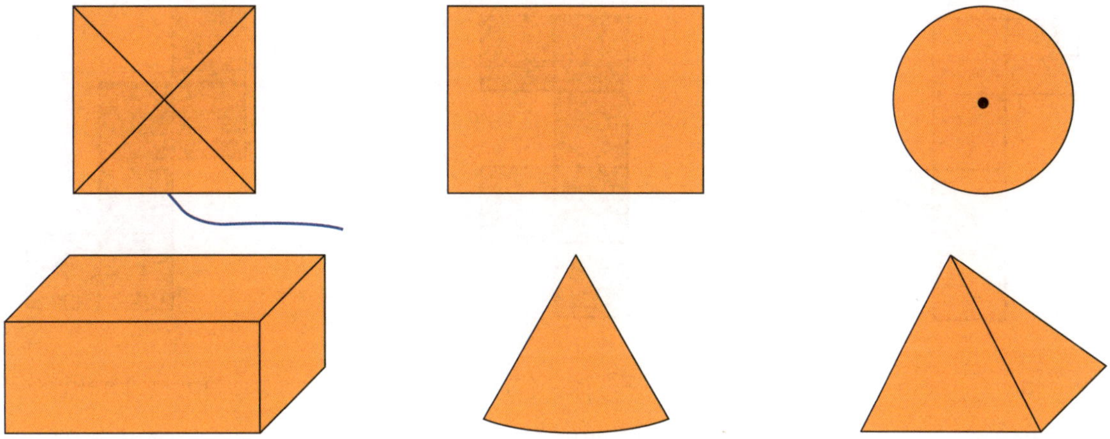

______________ ______________ ______________

2 Untersuche Quader und Würfel. Beschrifte die Körper und zähle die Ecken, Kanten und Flächen.

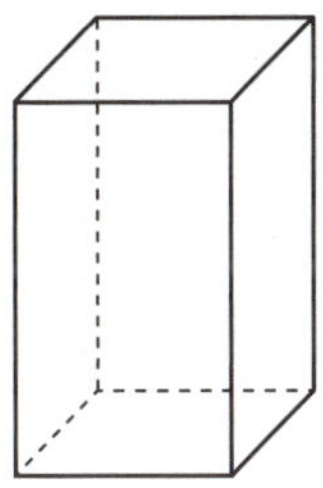

8 Ecken
Kanten
Flächen

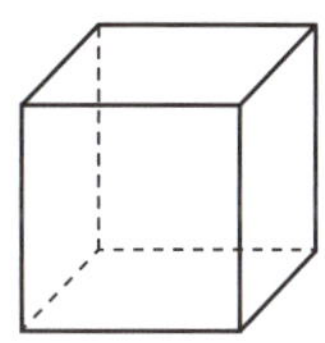

Ecken
Kanten
Flächen

3 An welchen Körpern findest du diese Flächen? Schreibe die Namen der Körper darunter.

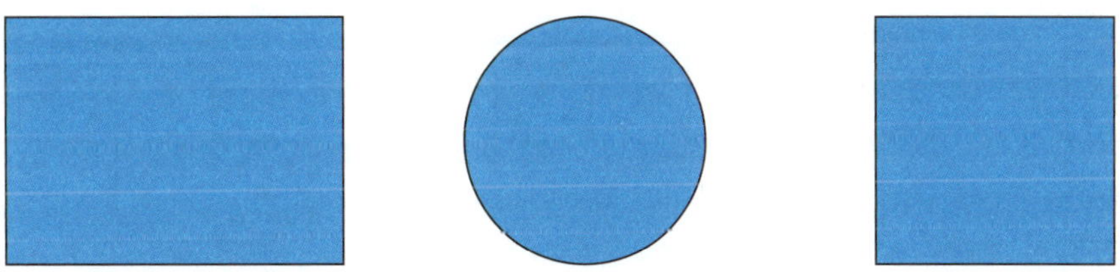

______________ ______________ ______________
______________ ______________

4 Aus welchen Flächen besteht diese Pyramide? Male sie aus.

Würfelnetze

1 Sind dies Würfelnetze? Kreuze an.

a)

◯ ja ◯ nein

b)

◯ ja ◯ nein

c)

◯ ja ◯ nein

2 Vervollständige zu Würfelnetzen.

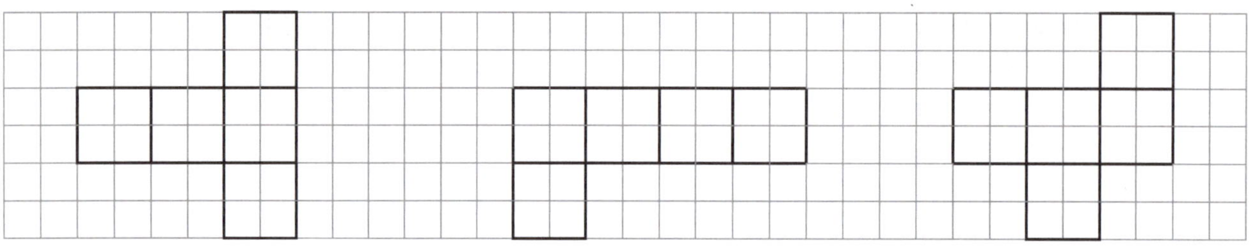

3 Ergänze die fehlenden Punkte auf dem Würfelnetz.

a)

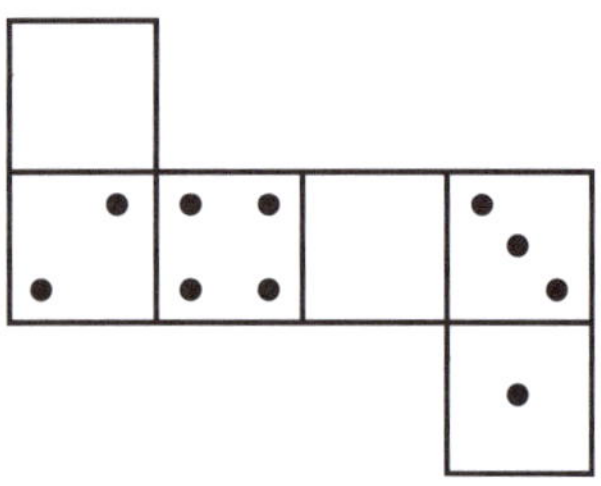

b)

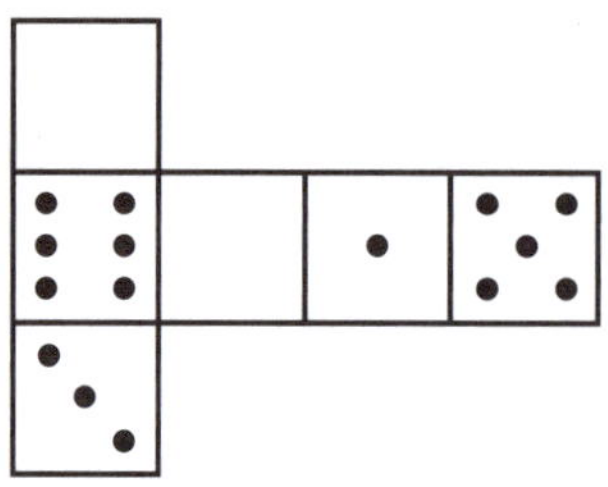

c)

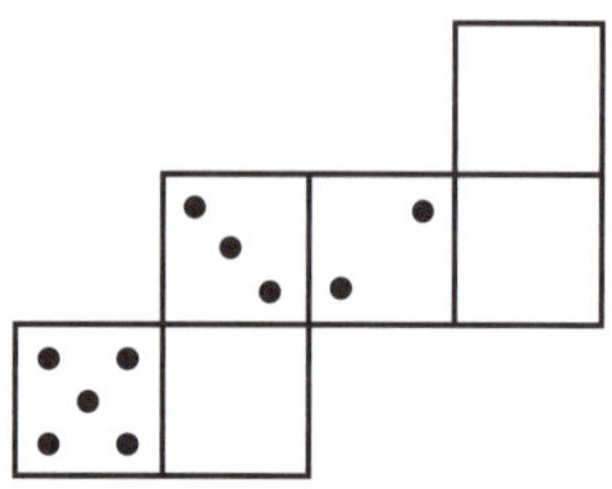

4 Der Würfel wird mehrmals gekippt.
Trage nach jedem Kippen die Punkte ein.
Du kannst einen Spielwürfel nutzen.

a)

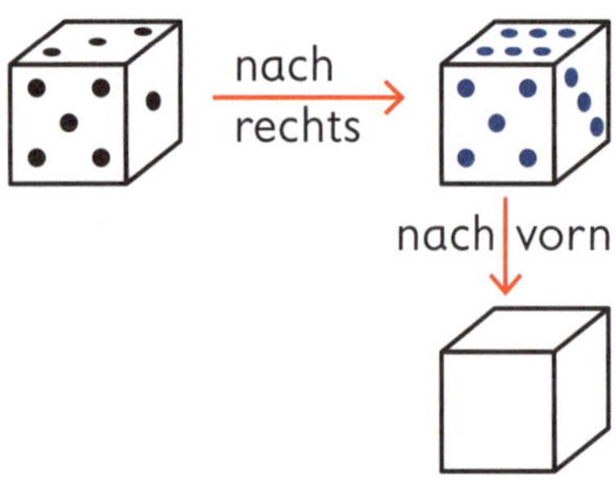

b)

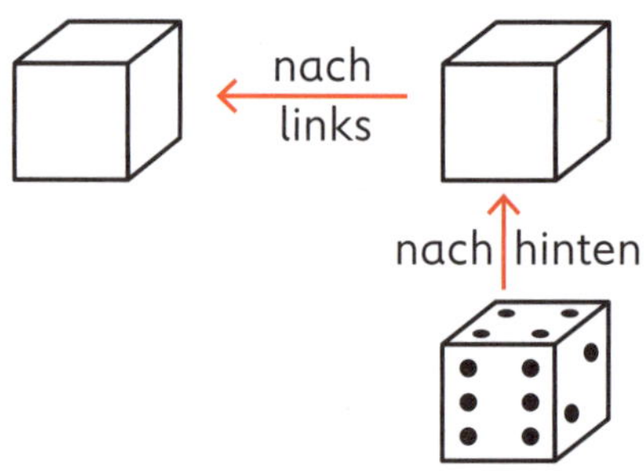

1: Würfelnetze erkennen 2: Zu Würfelnetzen vervollständigen 3: Augenzahlen ergänzen
4: Würfel nach Vorgabe kippen und jeweils die Augenzahlen einzeichnen

Quadernetze

1 Male in den Quadernetzen die gegenüberliegenden Flächen mit der gleichen Farbe aus.

a)

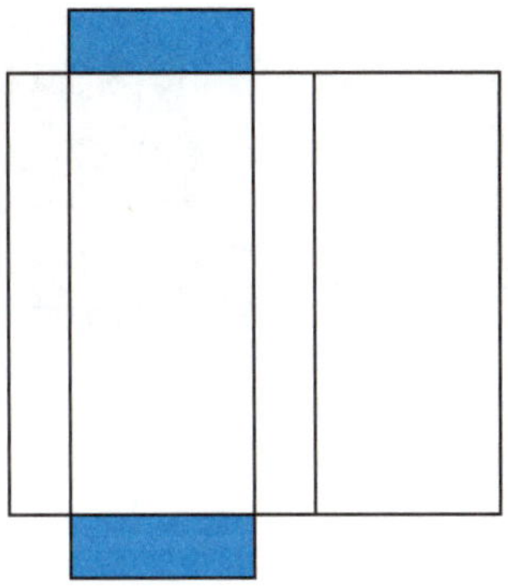

b)

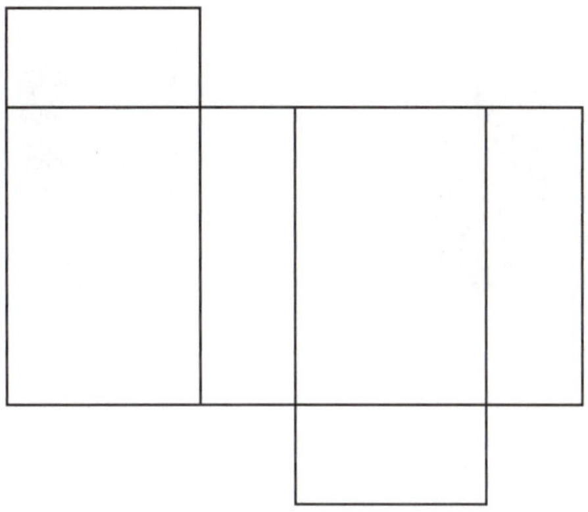

c)

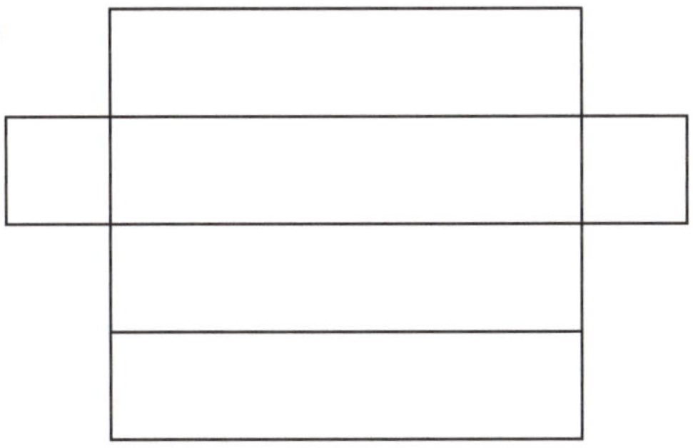

d)

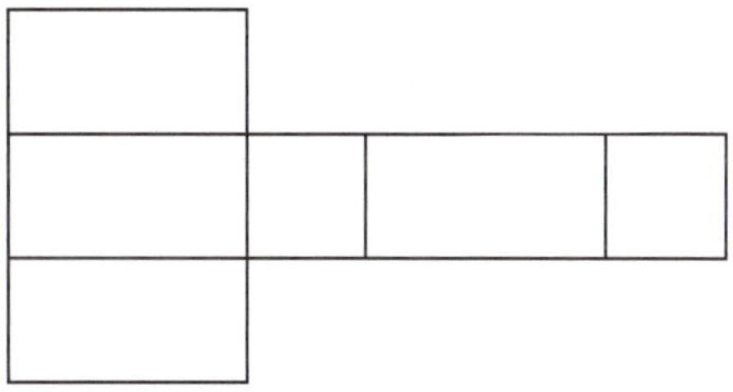

2 Vervollständige zu Quadernetzen.
Die gegenüberliegenden Flächen sollen die gleiche Farbe haben.

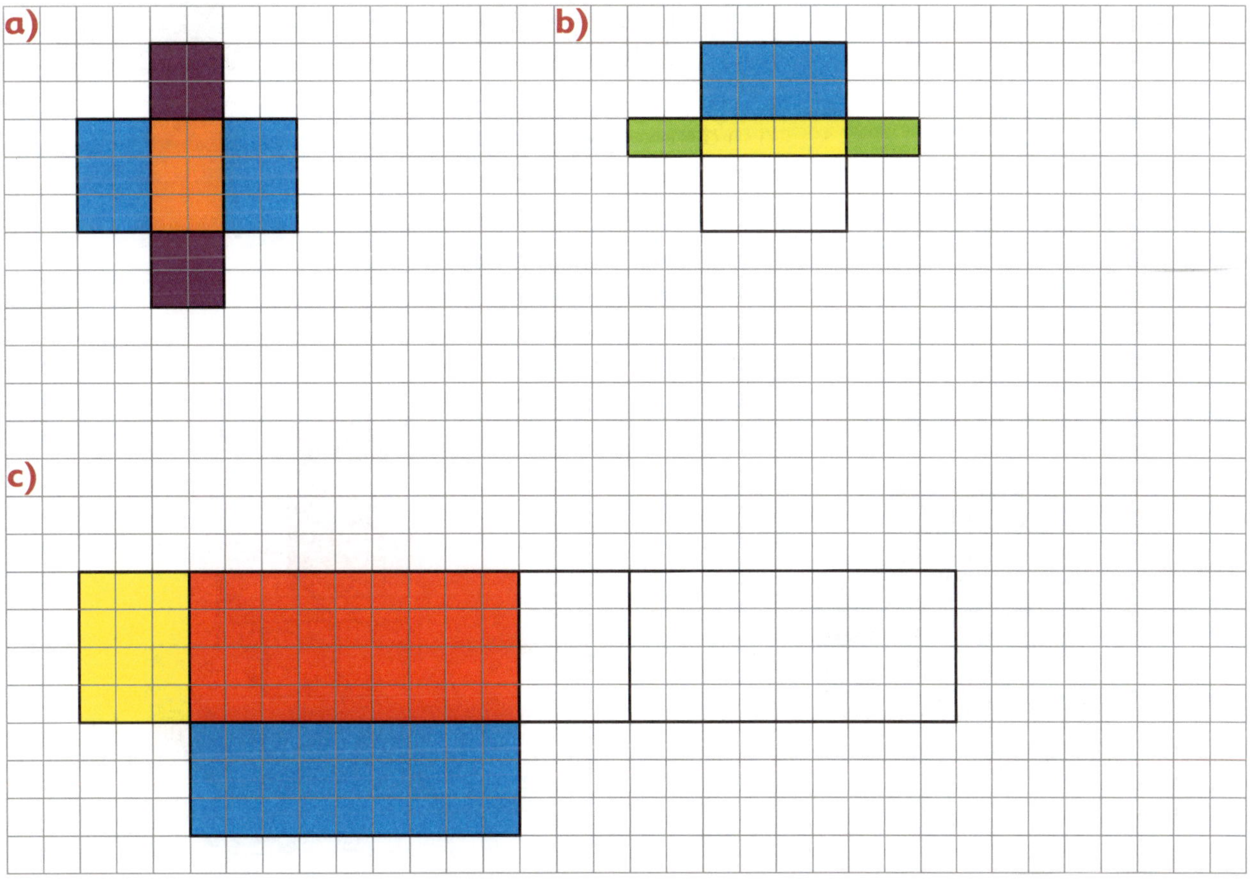

1: Bei Quadernetzen die gegenüberliegenden Flächen mit der gleichen Farbe ausmalen
2: Zu Quadernetzen vervollständigen; die gegenüberliegenden Flächen mit der gleichen Farbe ausmalen

Rauminhalt – Würfelbauten

1 **a)** Wie viele Würfel wurden zum Bau dieser Würfelbauten benötigt?

A

B

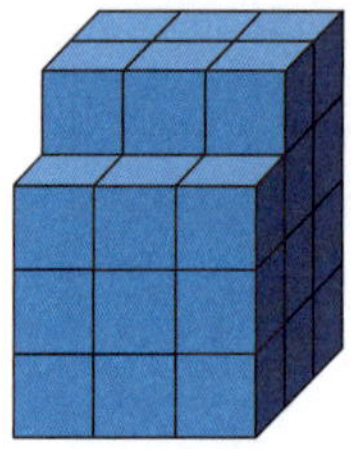

C

D

b) Wahr (w) oder falsch (f)?

- Der Würfelbau B hat den größten Rauminhalt.
- Der Würfelbau C hat den kleinsten Rauminhalt.
- Die Würfelbauten A und D haben den gleichen Rauminhalt.

2 Max und Lisa verpacken Würfelbausteine in Kartons, die die Form eines Würfels haben.

A

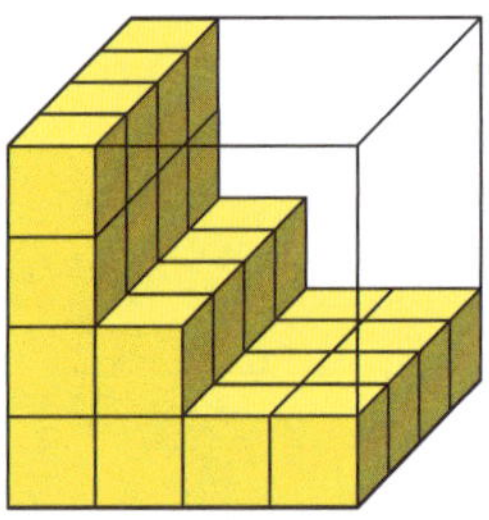

B

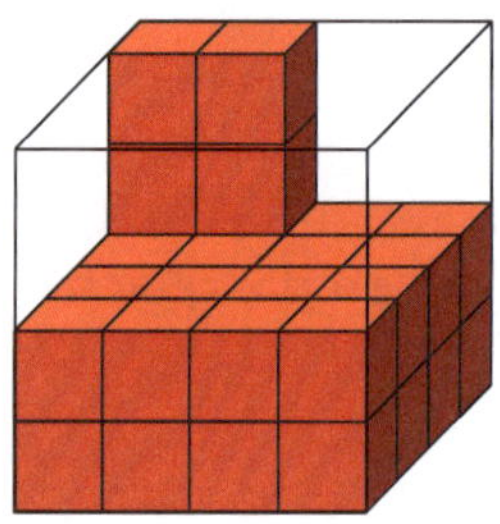

C

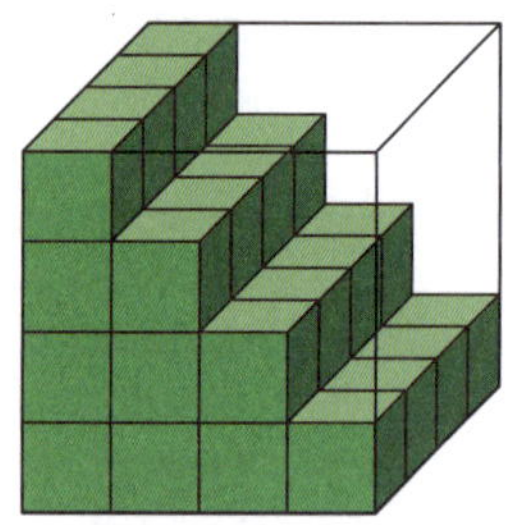

a) Wie viele Würfel sind schon in den Kartons? A: B: C:

b) Wie viele Würfel können jeweils noch in die Kartons gepackt werden? A: B: C:

3 Schreibe die Baupläne.

A

3		
3		
1		

B

1: Anzahl der Würfel bestimmen; Wahrheitsgehalt der Aussagen prüfen
2: Anzahl der dargestellten und der zu ergänzenden Würfel bestimmen 3: Baupläne schreiben

Ansichten

1

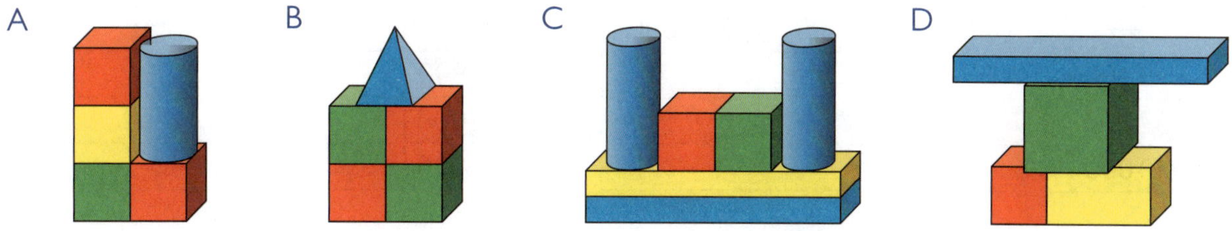

Welche der folgenden Ansichten von oben gehört zu welchem Bauwerk?

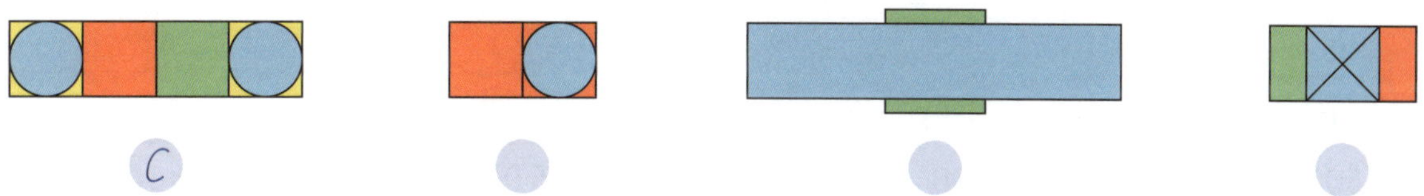

2 Lisa betrachtet das Bauwerk von links, Ben von rechts, Max von vorn und Anna von oben.

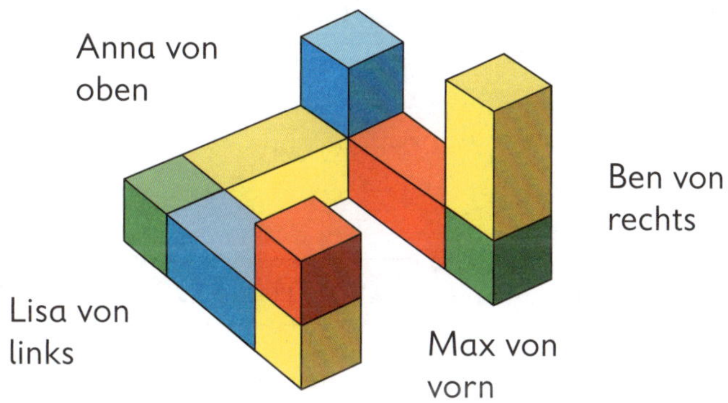

Alle vier Kinder haben ihre Ansicht gezeichnet. Schreibe jeweils ihren Namen dazu.

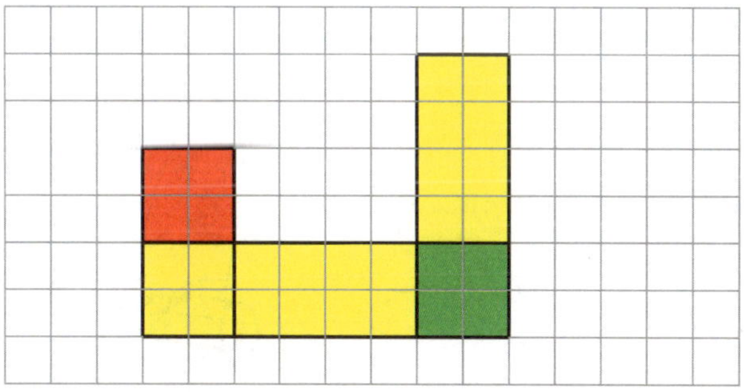

Max ____________

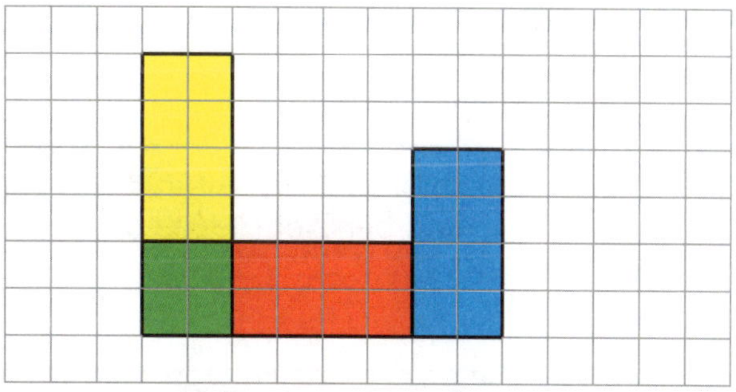

____

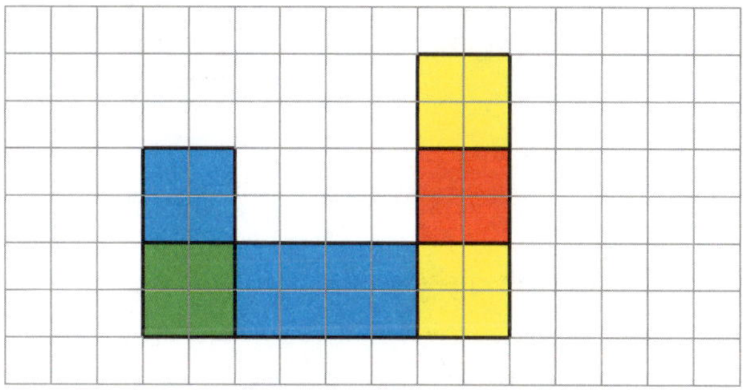

____

____

Addieren und Subtrahieren – Rechentraining

1

+	700	26 000	350 000
5 400			
32 000			
410 000			

+	600	7 800	36 000
9 900			
92 000			
340 000			

2

500	7 000	8 500	10 000

135 000	65 000	35 000	165 000

3 Schreibe stellengerecht untereinander und rechne.

a) 654 633 + 298 456 | 506 791 + 66 397 | 78 543 + 110 633

b) 593 653 – 204 356 | 96 804 – 3 098 | 96 358 – 32 604

4 Nutze Rechenvorteile.

Berechne die Summe aus der Zahl 99 999 und der Zahl 136 445.

Berechne die Differenz aus der Zahl 14 133 und der Zahl 9 999.

5 Berechne schriftlich.

Die Summanden heißen 48 905 und 174 896. Wie heißt die Summe?

Berechne die Differenz aus 789 205 und 589 623.

1 bis 5: Schriftliches bzw. mündliches Addieren und Subtrahieren im Zahlenraum bis 1 000 000

Multiplizieren und Dividieren – Rechentraining

1

·	60	700	800
30			
90			
400			

:	6	20	400
12 000			
36 000			
240 000			

2 Rechne schriftlich.

36 857 · 5

26 754 · 8

9 302 · 73

6 538 · 58

3 Überschlage, rechne und kontrolliere mit der Umkehraufgabe.

a) Ü:

4 7 8 3 2 : 8 =

K:

b) Ü:

5 2 3 0 8 : 9 =

K:

4 Besucher des Naturmuseums:

Januar: 2 340
Februar: 2 865
März: 2 185
April: 1 850

Wie viele Besucher kamen durchschnittlich pro Monat ins Naturmuseum?

Aufgaben:

Antwort: ______________________________

Inhaltsverzeichnis

Addieren und Subtrahieren ... 1
Multiplizieren und Dividieren ... 2
Dividieren mit Rest ... 3
Punktrechnung und Strichrechnung in einer Aufgabe ... 4
Aufgaben mit Klammern ... 5
Addieren – Subtrahieren – Multiplizieren – Dividieren ... 6
Sachaufgaben – Schrittfolge zum Lösen ... 7
Die Zahlen bis 10 000 ... 8
Die Zahlen bis 10 000 – Vergleichen und Ordnen ... 9
Römische Zahlzeichen ... 10
Addieren und Subtrahieren ... 11
Multiplizieren und Dividieren ... 12

Kilometer – Meter – Zentimeter – Millimeter ... 13

Die Zahlen bis 100 000 ... 14
Die Zahlen bis 1 000 000 ... 15
Die Zahlen bis 1 000 000 – Vergleichen und Ordnen ... 16
Näherungswerte – Runden ... 17
Addieren und Subtrahieren ... 18
Addieren mit zwei Summanden ... 19
Addieren mit mehr als zwei Summanden ... 20
Subtrahieren mit einem Subtrahenden ... 21
Subtrahieren mit zwei Subtrahenden ... 22
Gleichungen – Ungleichungen ... 23
Daten in Tabellen und Diagrammen ... 24
Sachaufgaben – Besondere Wörter ... 25

Parallelen – Senkrechte – rechte Winkel ... 26

Tonne – Kilogramm – Gramm ... 28
Liter – Milliliter ... 29
Größenangaben in Kommaschreibweise ... 30

Vierecke – Dreiecke ... 31
Zeichnen von Rechtecken und Quadraten ... 32
Parallelogramme ... 33
Trapeze ... 34
Kreise ... 35

Vielfache und Teiler ... 36
Multiplizieren ... 37
Dividieren ... 38

Multiplizieren mehrstelliger Zahlen mit einstelligen Zahlen ... 39
Multiplizieren mit Zehnerzahlen und Hunderterzahlen – Punktrechnung und Strichrechnung ... 41
Multiplizieren mehrstelliger Zahlen mit zweistelligen Zahlen ... 42
Multiplizieren mehrstelliger Zahlen ... 43
Multiplizieren von Größenangaben in Kommaschreibweise ... 45

Sekunde – Minute – Stunde – Woche – Monat – Jahr ... 46
Zeitpunkt und Zeitdauer ... 47

Flächeninhalt ... 48
Flächenumfang ... 49
Achsensymmetrische Figuren ... 50
Drehsymmetrische Figuren ... 51

Dividieren mehrstelliger Zahlen durch einstellige Zahlen ... 52
Dividieren mit Rest ... 54
Teilbarkeit ... 55
Dividieren von Größenangaben in Kommaschreibweise ... 56
Punktrechnung und Strichrechnung in einer Aufgabe ... 57
Durchschnitt ... 58
Dividieren durch zweistellige Zahlen ... 59
Sachaufgaben – Abschlussfahrt ... 60
Kombinieren ... 61
Daten – Häufigkeiten – Wahrscheinlichkeit ... 62
Maßstab – Vergrößern und Verkleinern ... 63
Maßstäbe ... 64

Körper ... 65
Würfelnetze ... 66
Quadernetze ... 67
Rauminhalt – Würfelbauten ... 68
Ansichten ... 69

Addieren und Subtrahieren – Rechentraining ... 70
Multiplizieren und Dividieren – Rechentraining ... 71

Auf den blauen Zetteln
findest du die Lösungen: